글 이숙자

만화 스토리 작가로 왕성하게 활동하고 있습니다. 지금까지 고전, 명작, 과학, 논술, 경제 등 다양한 분야의 학습 만화 작업을 해 왔습니다. 현재는 어린이들이 닮고 싶고, 되고 싶은 인물 이야기를 쓰는 데 열중하고 있습니다.

그림 스튜디오 청비

기발한 상상력을 바탕으로 새롭고 재미있는 콘텐츠를 만들어 내는 만화 창작 집단입니다. 어린이들이 책을 읽고 큰 꿈을 품기를 바라는 마음으로 즐겁게 작업하고 있습니다. 작품으로 《성철 스님》, 《아 다르고 어 다른 우리말 101가지》, 《반기문 유엔 사무총장의 꿈과 도전》 등이 있습니다.

감수 경기초등사회과연구회
진로 탐색 감수 이랑(한국고용정보원 전임연구원)
추천 송인섭(숙명 여자 대학교 명예 교수)

카를 마르크스

개정판 1쇄 인쇄 2024년 11월 15일
개정판 1쇄 발행 2025년 1월 1일

글 이숙자 **그림** 스튜디오 청비

펴낸이 김선식
펴낸곳 다산북스

부사장 김은영
어린이사업부총괄이사 이유남
책임편집 박세미 **디자인** 김은지 **책임마케터** 김희연
어린이콘텐츠사업1팀장 박정민 **어린이콘텐츠사업1팀** 김은지 박세미 강푸른
마케팅본부장 권장규 **마케팅3팀** 최민용 안호성 박상준 김희연
편집관리팀 조세현 김호주 백설희 **저작권팀** 이슬 윤제희 **제휴홍보팀** 류승은 문윤정 이예주
재무관리팀 하미선 김재경 임혜정 이슬기 김주영 오지수
인사총무팀 강미숙 이정환 김혜진 황종원
제작관리팀 이소현 김소영 김진경 최완규 이지우 박예찬
물류관리팀 김형기 김선민 주정훈 김선진 한유현 전태연 양문현 이민운

출판등록 2005년 12월 23일 제313-2005-00277호
주소 경기도 파주시 회동길 490
전화 02-704-1724 **팩스** 02-703-2219
다산어린이 카페 cafe.naver.com/dasankids **다산어린이 블로그** blog.naver.com/stdasan
종이 신승INC **인쇄** 북토리 **코팅 및 후가공** 평창피앤지 **제본** 대원바인더리

ISBN 979-11-306-5825-4 14990

품명: 도서 **제조자명:** 다산북스
제조국명: 대한민국 **전화번호:** 02)704-1724
주소: 경기도 파주시 회동길 490
제조년월: 판권 별도 표기 **사용연령:** 8세 이상

※ KC마크는 이 제품이 공통안전기준에 적합하였음을 의미합니다.

카를 마르크스

Karl Marx

다산
어린이

자신만의 멘토를 만날 수 있는
who? 시리즈

다산어린이의 〈who?〉 시리즈는 어린이들은 물론 어른들에게도 재미와
감동을 주는 교양 만화입니다. 〈who?〉 시리즈는 전 세계 인류에 영향력을
끼친 인물들로 구성되었으며 인물들의 삶과 사상을 객관적으로 전해
줍니다.

이처럼 다양한 나라와 분야에서 활약한 위인들의 이야기를 통해 과학,
예술, 정치, 사상에 관한 정보는 물론이고, 나라별 문화와 역사까지 배우게
될 것입니다. 〈who?〉 시리즈의 가장 큰 장점은 위인들이 그들의 삶에서
겪은 기쁨과 슬픔, 좌절과 시련, 감동을 어린이들이 함께 느낄 수 있다는
것입니다. 어린이들은 이 책을 읽으면서 폭넓은 감수성을 함양하게 됩니다.

〈who?〉 시리즈의 어린이 독자들이 책 속의 위인들을 통해 자신만의
멘토를 만나 미래의 세계적인 리더로 성장하기를 진심으로 응원합니다.

존 덩컨 미국 UCLA 동아시아학부 교수

존 덩컨(John B. Duncan) 교수는 한국학 분야의 세계적인 석학으로
미국 UCLA 한국학 연구소 소장 및 동 대학의 동아시아학부 교수를
겸직하고 있습니다. 하버드 대학교 교환 교수와 고려 대학교 해외
교육 프로그램 연구센터장을 역임했으며, 주요 저서로는
《조선 왕조의 기원》, 《조선 왕조의 시민 행정의 제도적 기초》 등이
있습니다.

세상을 더 나은 곳으로 만든 사람들의 이야기

어린이들은 자라면서 수많은 궁금증을 가지게 됩니다. 그중에서도 "저 사람은 누굴까?"라는 질문은 종종 아이들의 머릿속을 온통 지배해 버리기도 합니다. 다산어린이에서 출간된 〈who?〉 시리즈는 그런 궁금증을 해결해 주기 위해 지구촌 다양한 분야의 리더들을 소개하고 있습니다.

〈who?〉 시리즈에 등장하는 인물들은 인종과 성별을 넘어 세상을 더 나은 곳으로 만든 사람들입니다. 어린이들은 이 책에서 디지털 아이콘으로 불리는 스티브 잡스는 물론 니콜라 테슬라와 같은 천재 발명가를 만날 수 있습니다.

책 속 주인공들의 어린 시절 이야기를 통해 기쁨과 슬픔, 도전과 성취감을 함께 맛보고, 그들과 함께 성장하면서 스스로 창조적이고 인류에 도움이 되는 사람이 되겠다는 포부와 자신감을 갖게 될 것입니다.

〈who?〉 시리즈 속에서 다채롭고 생동감 넘치는 위인들의 이야기를 만나 보세요.

에드워드 슐츠 하와이 주립 대학교 언어학부 교수

에드워드 슐츠(Edward J. Shultz) 하와이 주립 대학교 언어학부 교수는 동 대학의 한국학센터 한국학 편집장을 역임한 세계적인 석학입니다. 평화봉사단 활동의 하나로 한국에서 영어 교사로 근무한 경험이 있으며, 현재 한국과 미국, 일본을 오가며 활발한 활동을 펼치고 있습니다. 저서로는 《중세 한국의 학자와 군사령관》, 《김부식과 삼국사기》 등이 있고, 한국 중세사와 정치에 대한 다수의 기고문을 출간했습니다.

미래 설계의 힘을 얻는 길이
여기에 있습니다

어린이가 성장하는 시기에는 스스로 미래를 설계하며 다양한 책을
접하는 경험이 필요합니다.

어린 시절 만난 한 권의 책이 인생에 미치는 영향이 얼마나 큰지는
꿈을 이룬 사람들의 말을 통해서 알 수 있습니다. 빌 게이츠는 오늘날
자신을 만든 것은 동네의 작은 도서관이었다고 말하고, 오프라 윈프리는
어린 시절 유일한 친구는 책이었음을 고백하며 독서의 중요성에 대해
이야기합니다.

꿈을 이룬 사람들의 공통점은 또 있습니다. 그들에게는 어린 시절,
마음속에 품은 롤 모델이 있었습니다. 여러분의 롤 모델은 누구인가요?
〈who?〉 시리즈에서는 현재 우리 어린이들이 가장 닮고 싶어하는 롤
모델을 만날 수 있습니다. 버락 오바마, 빌 게이츠, 조앤 롤링, 스티브
잡스 등 세상을 바꾼 사람들의 감동적인 이야기를 담은 〈who?〉 시리즈는
어린이들이 구체적인 목표를 설정하고 희망찬 비전을 세울 수 있도록
도와줄 친구이면서 안내자입니다. 〈who?〉 시리즈를 통하여 자신의 인생
모델을 찾고 미래 설계의 힘을 얻을 수 있습니다.

송인섭 숙명 여자 대학교 명예 교수

숙명 여자 대학교 명예 교수이자 한국영재교육학회 회장으로
자기주도학습 분야의 최고 권위자입니다. 한국교육심리연구회
회장, 한국교육평가학회장, 한국영재연구원 원장을 역임했습니다.
자기주도학습과 영재 교육의 이론을 실제 교육 현장에 적용하기 위해
노력하고 있습니다.

평생을 이끌어 줄
최고의 멘토를 만날 수 있는 책

10대에 가장 중요한 것은 무엇일까요? 학과 공부와 입시일까요? 우리나라 최초의 국제회의 통역사로 30년 동안 활동하면서 글로벌 리더들을 만날 기회가 수없이 많았던 저는 대한민국의 초등학생들에게 특별한 조언을 해 주고 싶습니다. 그것은 큰 꿈을 가지는 것이 무엇보다 중요하다는 것입니다.

꿈은 힘들고 지칠 때 나를 이끌어 주는 힘이고 내 인생의 주인이 되어 일어설 수 있게 하는 원동력이 되어 줍니다. 꿈이 있는 아이가 공부도 잘하고 결국 그 꿈을 실현할 수 있게 되는 것입니다. 저 역시 어린 시절 품었던 꿈이 지금의 자리에 있게 한 원동력이었습니다. 남들이 모르는 큰 꿈을 마음속에 간직하고 있었기에 괴롭고 힘들어도 포기하지 않고 다시 일어설 수 있었습니다.

어린 시절 저에게도 힘들고 지칠 때마다 용기를 불어넣어 주고 힘이 되어 주었던 분들이 있었습니다. 지금의 자리로 저를 이끌어 준 멘토들처럼 〈who?〉 시리즈에서 여러분의 친구이자 형제, 선생이 되어 줄 멘토를 만날 수 있기를 바랍니다.

최정화 한국 외국어 대학교 교수

우리나라 최초의 국제회의 통역사로 현재 한국 외국어 대학교 통번역대학원 교수로 재직 중입니다. 세계 무대에서 자신의 꿈을 이룬 여성 신화의 주인공으로, 역시 세계에서 꿈을 펼치려고 하는 청소년들에게 멘토로서의 역할을 충실히 하고 있습니다. 저서로는 《외국어 내 아이도 잘할 수 있다》, 《외국어를 알면 세계가 좁다》, 《국제회의 통역사 되는 길》 등이 있습니다.

Karl
Marx

- 이름: 카를 마르크스
- 생몰년: 1818~1883년
- 국적: 프로이센(지금의 독일)
- 직업·활동 분야: 정치학,
  경제학
- 대표작: 《공산당 선언》,
  《자본론》

카를 마르크스

자신이 쓴 글로 전 세계에 혁명을 몰고 온 사람이 있어요. 유럽
사회 곳곳에서 변화의 움직임이 시작되던 시기에 태어난 카를
마르크스예요. 왕과 귀족에게 수탈당하는 농민, 공장 주인에게
괴롭힘을 당하는 노동자를 지켜보며, 모든 사람들이 평등하게 사는
사회를 꿈꾸었지요. 과연 그는 어떻게 수많은 시련을 이겨내고,
역사에 남을 글을 쓸 수 있었을까요?

예니 마르크스

마르크스의 아버지와 친하게 지낸 베스트팔렌 남작의 딸로, 카를과는 어렸을 적부터 친구로 지냈습니다. 카를을 사랑하여 부와 안정된 삶을 버리고 그와 결혼했고, 남편을 도우며 온갖 어려움을 함께 이겨냅니다.

프리드리히 엥겔스

마르크스의 친구이자 든든한 후원자예요. 영국에서 공장을 가진 아버지 덕분에 풍요롭게 살았지만, 노동자의 비참한 현실을 알고 사회주의자가 되었어요. 마르크스가 자신의 생각을 완성할 수 있도록 물심양면으로 도왔습니다.

들어가는 말

- 전 세계에 혁명의 물결을 일으킨 마르크스의 사상은 무엇이고, 어떻게 등장하게 되었을까요? 카를 마르크스의 삶을 통해 알아보아요.
- 마르크스가 태어난 프로이센과 그가 살았던 시대에 대해 살펴보아요.
- 마르크스의 사상이 세계에 미친 영향을 살펴보며, 정치란 무엇이고, 우리가 살아가는 데 어떤 도움을 주는지 알아봅시다.

1 변화의 시작

카를 마르크스는 1818년 5월 5일, 프로이센(지금의 독일)의 작은 도시 트리어에서 태어났습니다.

트리어는 18세기 말부터 약 20년 동안 프랑스의 지배 아래에 있었고, 마르크스가 태어나기 3년 전인 1815년부터는 프로이센 왕국의 지배 아래에 있었습니다.

하인리히 변호사님, 아들을 낳으셨다지요? 축하합니다.

네, 모두 축하해 주시니 고맙습니다.

당시 프로이센의 왕은 혹독한 정치를 펼쳤지만, 한때 프랑스의 지배를 받은 적이 있던 트리어 사람들은 자유, 평등, 박애를 기초로 한 프랑스 혁명의 영향을 받고 있었습니다.

감히 내 뜻을 거스르는 자들은 가만두지 않겠다!

왕과 귀족들은 세상이 어떻게 변해 가고 있는지 모른단 말인가? 우리 프로이센에서도 혁명이 일어나야 해.

카를, 너는 우리 집안의 장남이다. 그러니 동생들에게 본보기가 되어야 한다.

하하하!

마르크스의 집안은 대대로 *랍비를 지낸 유대인 집안이었습니다. 하지만 아버지는 마르크스가 태어나기 전에 *개종하였고, 엄격한 유대교의 가르침보다는 어린 마르크스가 자유로운 생각을 지닌 사람으로 성장하길 바랐습니다.

그렇지 않아요.

시대는 변하고 있고, 아이들을 대하는 방식도 옛날과는 달라야 해요.

어휴, 아이들은 엄하게 키워야 한다니까요.

으~

7남매 중 셋째로 태어난 마르크스는 어린 시절 몸이 약했습니다.

카를이 또 아파요.

*랍비: 유대교의 율법학자
*개종: 믿던 종교를 바꿈

바람이 차단다. 몸이 나을 때까지 밖에 나가지 마렴.

마르크스는 밖에서 노는 것보다 집에서 책을 읽으며 지내는 시간이 많았습니다. 책에서 읽은 이야기를 누나와 동생에게 들려주기도 했습니다.

콜록콜록!

카를, 요새는 무슨 책을 읽고 있니?

그리스 신화에서 인간에게 불을 가져 준 영웅 프로메테우스 이야기를 읽고 있어

불을 가져다 줬다고?

응, 프로메테우스는 불을 훔쳐 인간에게 주었어. 그 벌로 바위에 묶여 독수리한테 간을 쪼이게 되었대.

무, 무서워!

그럼 그만할까?

아, 아니! 계속해! 무섭지만 재미있어.

이웃 프랑스에선 이미 시민들이 혁명을 일으켜서 왕을 쫓아냈단다.

왕을 쫓아낼 수 있어요?

자유와 평등의 세상을 만들자!

어서 혁명을 막아!

만세! 왕이 죽고 혁명이 성공했다!

알겠니? 카를. 지금 세상은 변하고 있단다.

마르크스의 성공 열쇠

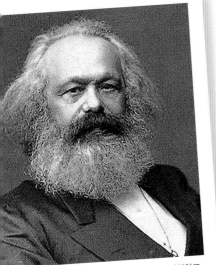

카를 마르크스는 자본주의의 문제점을 지적하고 대안을 제시했습니다.

카를 마르크스(1818~1883년)는 《자본론》이라는 책을 통해 자본주의 사회에서 일어나는 모순과 문제점을 지적하고 이를 해결할 수 있는 대안을 제시한 사상가입니다. 그가 말한 역사의 발전 과정이나 사회에 대한 비판은 정치, 경제뿐 아니라 철학과 같은 학문 등 많은 분야에 영향을 미쳤답니다. 마르크스는 어린 시절부터 신분과 계급의 차이, 돈이 많고 적음의 차이로 인해 똑같은 사람들이 평등하게 대우를 받지 못하는 것은 잘못된 일이라고 생각했어요. 그래서 모든 사람이 평등한 사회를 만들기 위해 자신의 삶 전체를 바칩니다.

하나　정의감

젊은 시절의 마르크스

마르크스가 열여섯 살 때, 그의 아버지가 왕 앞에서 연설을 한 일이 있었습니다. 마르크스의 아버지는 평소의 신념대로 왕이 조금 더 주도적으로 사회의 부조리한 면을 고쳐 나갈 것을 주장했어요. 마르크스는 그런 아버지를 자랑스럽게 생각했고, 프로이센 사회가 변할 것이라고 기대했지요. 그런데 아버지의 연설이 끝나자 경찰들이 아버지의 발언이 급진적이라는 이유로 그를 쫓아다니며 협박하였습니다. 결국 아버지는 그만 연설의 내용을 철회하고 말았어요. 이때 마르크스는 아버지의 비겁함에 크게 분노했습니다. 마르크스는 정의는 목숨을 걸고서라도 지켜야 하는 것이라고 생각했기 때문입니다. 하지만 곧 아버지의 비겁함이 문제가 아니라 사람들에게서 용기를 뺏는 사회가 문제라는 것을 알게 된 마르크스는 아버지와 화해했습니다. 그리고 자유로운 생각과 표현이

보장되는 법과 제도를 마련하기 위해 법을 공부하기로
결심했습니다.

둘 희생정신

마르크스는 명석한 편인 데다 법을 전공했기 때문에,
성실하게 공부해서 대학을 나오면 변호사나 공무원이
되어 평온한 삶을 누릴 수 있었어요. 하지만 그는
자신의 안락한 삶을 포기하고 사회 전체를 위해
일하기로 합니다.

마르크스는 대학 시절 특히 철학에 많은 관심을
갖고 있었는데, 마르크스가 공부했던 베를린
대학에는 사회 문제에 대해 비판적인 생각을 가진
학생이 많았습니다. 그는 이들과 어울리면서 당시
프로이센과 유럽 사회의 구조에 대해 더욱 깊이
논의할 수 있었습니다. 마르크스는 정부를
비판하는 글을 쓰며 정의로운 사회를 만드는
데에 적극적으로 참여하였습니다. 결국 이러한
급진적인 행동으로 인해 정부의 눈 밖에 나자,
모교인 베를린 대학에서 학위를 받지 못하고
예나 대학에 논문을 제출할 수밖에 없었지요.
하지만 마르크스는 모든 사람들이 평등한 세상을
만들겠다는 위대한 꿈을 포기하지 않았습니다.
학교를 졸업한 후에도 마르크스는 극심한
가난으로 고통받았습니다. 독일에서 벨기에로,
그리고 프랑스와 영국으로 평생 쫓겨 다녔어요.
영국에서는 가난 때문에 세 아이를 잃기까지
했지만, 그는 자본주의 사회에서 고통스럽게
살아가는 노동자들을 위해 자본주의를 연구하는 데
자신의 삶 전체를 바쳤습니다.

마르크스가 베를린 대학에서 공부하기 전에 다녔던
독일의 본 대학교

영국 런던에 있는 마르크스의 무덤

29

베를린 대학 전경. 본 대학교를 다니던 마르크스는 일 년 뒤 베를린 대학으로 전학했습니다. ⓒ shining.darkness

셋 끊임없는 공부

마르크스의 《자본론》 1권은 1867년에 출간되었습니다. 집필을 구상한 지 20년이나 지나서였습니다.

마르크스는 1847년에 이미 《자본론》의 주요 사상을 머릿속에서 만들고 있었습니다. 1849년에는 대략적인 윤곽을 잡았고, 1857년 《정치 경제학 비판 요강》이라는 책을 통해 자본주의에 대한 생각을 먼저 밝혔지요.

하지만 마르크스는 자신이 다루는 주제에 관한 모든 문헌을 섭렵해 스스로 만족할 때까지는 글을 쓰지 않았습니다. 마르크스는 매일 대영 박물관에 있는 도서관에 가서 자본주의를 연구하는 데 몰두했습니다. 가족의 생계도 꾸려 나가야 하는 데다 과로로 병치레까지 잦았지만 마르크스는 하루도 자본주의의 구조를 연구하는 공부를 게을리하지 않았습니다.

마르크스가 《자본론》을 완성한 영국은 산업 혁명이 가장 먼저 일어났고, 자본주의가 가장 발달한 나라였습니다. 마르크스는 자본주의에 가장 충실한 국가에서 자본주의를 비판하기 위한 연구에 몰두했지요. 그 결과 그는 자신만의 경제학을 수립했습니다. 《자본론》은 애덤 스미스, 데이비드 리카도 등 당시 쟁쟁한 경제학자들과 구분되는 마르크스만의 경제학이었습니다.

who? 지식사전

애덤 스미스

애덤 스미스

애덤 스미스(1723~1790년)는 영국의 정치 경제학자로, 스코틀랜드 커콜디에서 태어났습니다. 최초로 자본주의를 체계적으로 설명한 《국부론》을 저술했습니다. 경제는 '보이지 않는 손'에 의해 움직이며, 결과적으로는 시장에서 자원이 효율적으로 배분된다고 생각했습니다. 따라서 국가나 정부는 시장이 제 기능을 다할 수 있도록 최소한만 개입할 것을 주장했습니다.

넷 독서

마르크스는 어릴 적부터 수많은 문학 작품을 읽어 또래들보다 풍부한 감성과 지식을 쌓았습니다. 이것은 나중에 마르크스에게 소중한 재산이 되었습니다. 문학 작품은 인간과 인간이 관계를 맺는 사회를 더 깊이 이해할 수 있게 만들기 때문이에요. 청소년 시절에 읽었던 많은 문학 작품은 나중에 마르크스가 철학자가 되고, 사회 문제를 꼬집는 신문 기사나 책을 쓰는 기반이 되었습니다.

베를린 대학에 입학한 마르크스는 헤겔 철학을 공부했습니다. 하지만 그는 헤겔의 주장에서 변증법은 받아들였지만, 헤겔의 다른 철학 이론은 비판했습니다. 어릴 적부터 많은 책을 봐 왔기 때문에, 모두가 옳다고 생각하는 것도 그대로 따르기보다는 스스로 생각하고 판단하여 받아들일 수 있는 힘이 있었던 것이지요.

마르크스는 법학부를 우수한 성적으로 마치고 철학 박사 학위까지 받았지만, 변호사나 고위 공무원이 되는 길을 포기하고 자신의 신념대로 학자의 길을 걸었습니다. 그리고 많은 지식을 담아내기 위해 엄청난 양의 책을 읽으며 연구하였습니다. 마르크스는 죽기 전까지도 항상 책을 읽던 안락의자에 앉은 채 그대로 숨을 거두었습니다.

마르크스는 평생 손에서 책을 놓지 않았습니다.

대영 박물관

영국 런던 블룸즈버리에 위치해 있는 영국 최대의 국립 박물관입니다. 1753년에 설립되었으나 처음에는 한스 슬론 경의 개인 수집품이 전시물의 대부분을 이루었고, 공공에 개방된 것은 1759년입니다. 이후, 2세기 반에 걸쳐 계속 확장하여 몇 개의 부속 기관이 생겼습니다.

대영 박물관

2 존경하는 아버지

어이, 베스트팔렌!

마르크스에겐 또 한 명의 아버지가 있었습니다. 아버지의 친구인 프로이센의 귀족 베스트팔렌 남작이었습니다.

오, 하인리히. 자넨 또 그 옷을 입었군.

이 검은색 연미복은 단순한 옷이 아니잖아. 시민 계급과 저항의 상징이지.

그래, 프랑스 혁명을 일으킨 시민 대표들이 입었던 옷이니까.

우리 시민 대표들은 자유와 평등의 이념이 담긴 헌법을 만들 것을 요구합니다.

아무리 왕이라도 법 없이는 함부로 세금을 거두지 못합니다.

루이 16세 왕은 시민 대표들을 해산시켰고, 그것은 곧 프랑스 혁명의 도화선이 되었어.

하인리히와 베스트팔렌은 당시 트리어에 있던 지식인들의 모임인 '카지노 사회'의 회원이었습니다. 회원들은 새로운 사회 사상을 자주 접할 수 있었던 변호사나 무역 중개인, 교사, 교수, 진보적인 귀족과 정치인들로 구성되었습니다. 카지노 사회는 프로이센의 *왕정에 반대하고 민주주의를 지지했습니다.

프랑스 혁명 이후 대부분의 유럽 지역에서 왕정이 몰락했고 봉건 제도가 폐지되었지요.

*왕정: 왕이 다스리는 정치

그런데도 우리 프로이센은 아직도 봉건 왕국이 건재하니 부끄러운 일입니다.

그렇고말고요.

프랑스의 시민 대표들이 했던 역할을 우리 클럽의 회원들이 해야 합니다.

지금 우리 프로이센은 전체 국민의 1퍼센트도 되지 않는 왕과 귀족이 나라의 재산과 땅을 대부분 차지하고 있어요.

일을 하고 세금을 내는 것은 나머지 99퍼센트의 국민이고요.

그런데도 국민들은 정치에 참여할 수 없고 투표를 할 수도 없어요. 이런 불평등은 당장 사라져야 해요.

무엇보다 아무런 능력이 없는데도 대를 이어 왕이 되는 것은 잘못된 관습이에요.

얼마 전 프로이센은 프랑스군에 지면서 많은 전쟁 배상금을 지불해야 했어요.

백성은 가혹한 세금을 물어야 했고, 농민들은 수탈에 시달리다 못해 굶어죽기도 했지요.

불쌍한 농민들······.

능력 있는 왕이 나라를 다스리면 좋겠지요. 하지만 무능한 왕의 잘못된 정책으로 나라가 위험해지는 걸 더는 두고 볼 수 없어요.

그럼 어떻게 하지요? 왕이 스스로 물러나지는 않을 텐데요.

함께 방법을 생각해 봅시다.

으음.

선생님, 카를이 하이네의 시를 줄줄 외우고 있어요.

카를, 지난번에 네가 쓴 글도 아주 인상 깊었단다.

음, 카를은 문학에 관심이 많구나.

무슨 글을 썼는데?

문학은 훗날 마르크스에게 소중한 재산이 됩니다. 마르크스가 철학자가 될 수 있었던 것도, 신문을 만들고 잡지에 글을 쓸 수 있었던 것도 모두 청소년 시절에 읽은 수많은 문학 작품이 바탕이 된 것이었습니다.

우리 프로이센의 종교와 사회에 대한 생각을 써낸 적이 있어.

우아! 그렇게 어려운 주제로 글을 썼다고?

카를 도련님, 어서 오세요. 남작님께 빌린 책을 벌써 다 읽으셨어요?

네, 그래서 다른 책을 또 빌리려고 왔어요.

쉿! 아버지는 지금 아주 중요한 일을 하고 계신단다.

네?

아버지의 저런 표정은 처음 봐.

*천동설: 지구가 우주의 중심으로, 태양을 비롯한 행성이 지구의 주위를 돈다는 생각

마르크스가 살았던 시대

카를 마르크스가 살던 19세기의 유럽은 왕정에 반대한
시민 혁명, 산업 혁명, 사회주의의 등장 등 엄청난 변화의
물결이 일던 격동의 시기였습니다. 마르크스는 당시 유럽의
한 국가인 프로이센에서 태어나 프랑스, 영국, 벨기에 등을
전전하며 살았고, 그런 사회적 변화의 영향을 누구보다 많이
받았습니다.

프로이센의 상수시 궁전

하나 　왕정 시대

왕정 시대란 '국왕'이나 '황제' 또는 그 밖에 군주에 해당하는
직위(술탄, 칸, 파라오 등)를 가진 사람이 국가 원수가 되던
시대입니다. 왕위를 세습하는 경우가 많았으나, 군주를
선거로 뽑는 경우도 있었습니다.

입헌군주제란 군주가 제한된 권력만을 가지는 정치
체제입니다. 직접 투표에 의해 선출된 의회가 국정을 맡고
군주는 상징에 머무르는 영국형과, 의회와 헌법은 있으나
군주의 권한이 강력한 프로이센형으로 나뉩니다.

'왕'과 '영주'와의 차이는, 왕은 왕국에 공작, 후작, 백작, 자작,
남작의 작위를 줄 수 있으나 영주는 이러한 작위를 신하에게

who? 지식사전

프리드리히 빌헬름
3세

프리드리히 빌헬름 3세

프리드리히 빌헬름 3세(1770~1840년)는 프로이센의 제5대 국왕입니다. 마르크스가 태어났을 당시
프로이센을 다스린 국왕으로, 프랑스 혁명 등으로 전 유럽이 혼란 속에 있는 상황에서, 이러한 변화에
현명하게 대처하지 못하고 우유부단한 태도를 보여 좋지 못한 평가를 받았습니다.

줄 수 없다는 점입니다. 즉 왕국은 독립 국가로써
인정되었으며, 공작, 후작, 백작 등의 영주는 왕과
왕국에 속해 있다고 볼 수 있습니다.

민중의 고통엔 무관심하고 사치와 방탕을 일삼아 국민의
분노를 샀던 루이 16세의 부인 마리 앙투아네트의 초상

둘   프랑스 혁명

프랑스에서 일어난 시민 혁명입니다. 시민
혁명은 시민이 중심이 되어, 특권을 가진 왕이나
귀족에 의해 모든 것이 이루어지는 정치 제도를
없애고, 국민이 국가의 주인이며 모든 사람이
자유롭고 평등하다는 신념을 바탕으로 민주
정치를 확립하는 데 목적이 있었습니다. 프랑스
혁명 때 민중은 왕을 끌어내리고 자유와 평등,
박애를 요구했습니다. 절대 왕정이 지배하던 프랑스에서는
제1계급(추기경 등의 로마 가톨릭 고위 성직자)과
제2계급(귀족)은 세금을 내지 않는 것과 같은 혜택을
누리면서 권력과 부와 명예를 독점하였습니다. 반면
인구의 약 98퍼센트를 차지하던 제3계급(평민)은
무거운 세금을 부담해야 했습니다.
프랑스는 왕실의 과도한 지출로 인해 루이 14세
때부터 재정이 휘청이기 시작했고, 영국의 미국 진출을
견제하기 위해 미국 독립 전쟁에 참전하면서 파산
직전에 이르렀습니다. 프랑스 왕정은 파산 직전에 이른
재정을 메우려고 제3계급에게 점점 더 많은 세금을
거뒀고, 루이 16세의 부인 마리 앙투아네트의 사치로
국가 재정은 더욱 악화되었습니다. 이때 국민의 불만은
극에 달하였습니다.
결국 1789년 프랑스 시민들은 전제 정치의 상징과 같던
바스티유 감옥을 습격했습니다. 이를 시작으로 프랑스 혁명이
일어났고, 그 결과 프랑스의 절대 왕정은 무너졌습니다.

장 피에르 우엘의 〈바스티유 습격〉. 1789년. 시위대는
정치적인 이유로 갇힌 이들을 탈출시키기 위해 바스티유
감옥을 습격했습니다.

셋 산업 혁명

산업 혁명은 18세기 중엽부터 19세기까지 영국에서 시작된
기술의 혁신과 이로 인해 일어난 사회, 경제 등의 큰 변혁을
말합니다. 산업 혁명은 전 세계로 확산되어 세계를 크게
바꾸어 놓았어요.

영국에서는 다른 국가보다 일찍 시민 혁명이 일어나
정치가 성숙하였고, 제도 또한 안정적이었습니다. 게다가
농업 생산량이 많아지며 땅을 가진 사람들이 많은 재산을
모았고, 권력도 강해졌지요. 또한 영국이 아메리카나
아프리카 대륙의 영토를 지배하거나 무역이 활발해지면서
큰 재력을 갖춘 상인도 나타났어요. 이들이 성장하여 기존
사회를 이루던 귀족과 농민 외에 또 다른 계급인 부르주아
계급을 만듭니다.

18세기에 들어서 영국 내외에서 면직물의 수요가
급증하자 제임스 와트의 증기 기관을 개량해 면직물을
대량 생산하기 시작했는데, 이것이 산업 혁명의
출발점이 되었습니다. 그 뒤 면직물 공업이 산업 혁명을
주도하게 됩니다.

와트의 증기 기관. 증기 기관은 영국과 세계의 산업
혁명을 촉진했습니다.

산업 혁명은 경제 구조의 혁명적 변화를 가져왔을
뿐만 아니라 정치 구조도 크게 바꾸어 놓았습니다. 귀족
지배 체제가 무너지고, 신흥 부르주아 계급이 선거법을
개정했습니다. 초기 선거법 개정에서는 노동자, 농민층을
배제하였는데, 영국의 노동자 계급 성년 남성들은 하나로
뭉쳐 선거권을 요구하는 차티스트 운동을 벌였어요.
이런 일련의 산업 혁명 과정이 점차 자유주의적인 경제
체제의 등장으로 이어졌습니다. 그러나 급속한 산업화의
영향으로 노동자들의 노동 환경이 열악해지고, 장시간
노동과 어린이 노동 등의 사회 문제가 생겨나기도
했습니다.

자본주의에서는 자본을 가진 소수에게 권력과
부가 집중되어 불평등의 문제를 만들었습니다.

넷   자본주의

자본주의는 개인의 소유권을 인정하며, 이를 기반으로
하는 경제 체제입니다. 공장이나 땅과 같이 상품을
생산해 낼 수 있는 생산 수단을 가진 자본가, 기업가의
이익 추구를 보장하지요. 현대 자본주의 경제의 각종
제도는 대부분 산업 혁명 시기 영국에서 자본가가
성장하며 발달한 것입니다.

노동자의 입장에서 자본주의 체제의 문제점을
비판하는 삽화

하지만 자본주의가 점차 발전하면서, 자본을
가진 소수에게 권력과 부가 집중되어서 불평등이
심해졌습니다. 재산을 지닌 자본가는 더 부유해지는데,
힘들게 일하는 노동자는 더 가난해졌습니다. 타고난
재능이나 좋은 집안 환경을 지닌 사람이 경쟁에서
훨씬 유리한 위치를 차지하고, 사회적으로 약한 사람을
배려하지 못한다는 문제점이 드러나기도 했습니다. 이러한
문제를 구조적으로 분석한 이가 바로 마르크스였습니다.
20세기에 들어와 자본주의는 사회주의나 공산주의 국가
경제 체제와 대립했습니다. 그러나 자본주의는 세계 각지의
정치 · 경제 · 문화 · 사회적 상황에 따라 다양한 방식으로
발전했습니다. 오늘날의 자본주의는 마르크스가 지적한
문제점과 같은 자본주의 자체가 가진 문제점을 해결하기 위한
대안과 제도를 마련하고 있습니다.

who? 지식사전

사회주의

사회주의는 자본주의에 대한 비판에서 출발하여 그 한계를 극복하기 위해 생겨난 사상입니다. 일하는 대중이 직접 생산
수단을 소유하고 자원을 분배하며 운영하는 공동 경제와, 모든 민중이 노동의 대가로서 평등하게 분배받는 사회를 지향하는
사상을 통틀어 일컫는 말입니다.

3 용기를 뺏는 사회

네? 왕 앞에서
연설을 한다고요?

마르크스가 열여섯 살 때,
아버지는 프로이센의
왕 프리드리히 빌헬름 3세와
많은 귀족들이 지켜보는
가운데 연설하게 됩니다.

하인리히는
이미 연설문까지
작성해 두었어요.

위험해요.
비밀경찰의 감시를
받게 될 거예요.

잘못했다간
감옥에 끌려갈
수도 있다고요.

마을 사람들이 기대하는 것처럼 네 아버지의 말이 왕의 마음을 움직일 지도 모르지. 부디 잘 되었으면 좋겠구나.

아버지가 왕 앞에서 연설을 한다고 생각하니 정말 자랑스러워요!

하인리히 변호사님은 성공할 수 있겠지? 이제 우리 프로이센에서도 국민이 정치에 참여해서, 살기 좋은 세상이 되면 좋겠어!

사람들이 자유롭게 생각하고 또 그것을 표현할 수 있도록 말이지요?

카를, 네가 대학에 가거든 법을 공부해서 그런 제도와 법을 만드는 일에 힘을 보태도록 하렴.

네가 법을 공부하고 변호사나 대학교수가 된다면 그때는 예니의 가문에서도 너희의 결혼을 반대하지 않을 거야.

마르크스는 아버지처럼 법을 공부해 장차 변호사나 대학교수가 될 것을 결심합니다.

네, 아버지!

마르크스의 나라, 프로이센

하나 마르크스가 태어났을 당시의 프로이센

카를 마르크스는 1818년 5월 5일 프로이센의 작은 도시
트리어에서 태어났습니다. 트리어는 1794년 이후 약 20년
동안 프랑스의 지배 아래에 있었고, 1815년부터는 프로이센
왕국의 지배 아래에 있었습니다. 당시 프로이센 왕국은 가혹한
왕정 정치를 펼쳤지만 한때 프랑스의 지배를 받은 적이 있던
트리어 사람들은 자유 · 평등 · 박애를 기초로 한 프랑스
혁명의 영향을 받고 있었습니다.
마르크스의 아버지인 하인리히 마르크스와 아버지의 친구
루트비히 폰 베스트팔렌은 왕정에 반대하고 민주주의를
지지하는 지식인이었습니다. 마르크스는 그러한 지역 사회와
아버지의 영향으로 자유롭고 반체제적인 분위기 속에서
성장했습니다.

프로이센의 1대 국왕 프리드리히 1세

둘 프로이센의 역사

프로이센의 성립

프러시아라고도 합니다. 프로이센이란 지명은 이 지역에서
중세 초부터 살기 시작한 발트어계 프로이센인에서
유래했습니다. 좁은 뜻으로는 발트해 남쪽 연안에서
비슬라강과 니멘강에 이르는 지방을 말합니다. 넓은
뜻으로는 이 지방에서 세워지고 발전하여 독일 제국의
중심을 이룬 프로이센 공국 및 왕국을 의미합니다.
프로이센 원주민인 프로이센인은 언어적으로 특수한
발트어족 중 하나였는데, 11세기에 폴란드의 지배를
받자 반란을 자주 일으켰습니다. 이에 폴란드의 영주가

프로이센 국기

1226년 독일 기사단을 이곳에 보냈는데, 기사단은 이 지방을 정복하고 독일인을 이주시키는 등 이곳을 독일처럼 만들고자 했답니다. 이들이 폴란드로부터 어렵게 허락을 받아 만든 나라가 프로이센 공국입니다. 이후 1701년에 독립국으로서 지위를 인정받아 왕국이 됩니다.

프로이센 왕국과 독일의 수도 베를린

1710년 프로이센의 1대 국왕 프리드리히 1세가 베를린을 프로이센 왕국의 수도로 삼았습니다. 1710년에는 베를린, 쾰른과 세 개의 이웃 지역이 통합하여 하나의 베를린을 이루었습니다. 작은 읍이었던 베를린은 1700년대에 통상과 제조업의 중심지로 증대했습니다. 예술과 과학이 번창하였고, 산업이 빠르게 퍼져 나갔습니다. 그 뒤 베를린은 1871년 독일 제국의 수도가 되었고 제2차 세계 대전 이후 동서로 나뉘었다가 1990년 독일이 통일되면서 다시 독일의 수도가 되었습니다.

독일의 수도 베를린의 전경

세계 대전과 프로이센의 해체

제1차 세계 대전 결과 독일 제국은 무너지고 프로이센도 바이마르 공화국의 일부가 되었다가, 나치의 출현으로 소멸되었습니다. 그러나 실질적으로는 사회 곳곳에

who? 지식사전

제1차 세계 대전

1914년 7월 28일 오스트리아가 세르비아에 대한 선전 포고를 하면서 시작된 전쟁입니다. 영국·프랑스·소련 등의 협상국(연합국)과 독일·오스트리아의 동맹국이 양 진영의 중심이 되어 싸우면서 세계 전쟁의 양상을 띠게 되었습니다. 전쟁은 1918년 11월 11일 독일의 항복으로 끝났습니다. 전쟁의 패배로 막대한 전쟁 배상금을 부담하게 된 독일은 국가 재정의 위기를 맞았고, 이것은 제2차 세계 대전이 일어나는 데 영향을 주게 되었습니다.

제1차 세계 대전 당시의 프랑스 군대

프로이센적인 요소가 그대로 남아 있었고, 이것은 제2차 세계 대전이 끝난 뒤에야 완전히 없어졌습니다.

독일이 제2차 세계 대전에서 패하자 프로이센은 독일의 한 주로 남게 되었습니다. 당시 독일을 점령한 연합국 측은 프로이센을 해체시키기로 결정했습니다. 결국 1947년 2월 25일에 프로이센은 해체되었습니다.

분단 도시

제2차 세계 대전 이후 독일이 동독과 서독으로 분단되면서 베를린도 동베를린과 서베를린으로 나뉘었습니다. 서베를린은 동독에 완전히 둘러싸인 '육지의 섬'이 되었으며, 동베를린은 1949년 동독의 수도가 되었습니다.

이후 서베를린으로 탈출하려는 동베를린 시민들이 늘자, 동독 정부는 이를 막기 위해서 1961년에 동베를린과 서베를린의 경계에 베를린 장벽을 세웠습니다. 이 장벽은 냉전의 상징이 되었습니다.

통일과 독일의 새 수도

1989년 베를린 장벽은 무너지고, 1990년 독일이 통일되면서 베를린은 연방주라는 지위를 얻었습니다. 그리고 1991년에는 통일 독일의 수도가 되었어요. 베를린은

통일 당시 베를린의 모습 ⓒ 독일연방문서보관소

who? 지식사전

동베를린과 서베를린을 나누고 있던 베를린 장벽

베를린 장벽

동베를린과 서베를린이 분리된 후 베를린 장벽은 냉전의 상징이자 독일의 분단을 상징해 왔습니다. 그러다 1989년 11월 9일 동독과 서독 간의 자유 왕래가 허용됨에 따라 베를린 장벽은 붕괴되기 시작했습니다. 현재는 일부만 기념으로 남아 있습니다.

프로이센부터 오늘날의 독일에 이르기까지
정치·문화의 중심지입니다.

독일 국기

셋 　오늘날의 독일

정식 명칭은 독일 연방 공화국입니다. 북쪽으로
덴마크와 북해, 발트해, 동쪽으로 폴란드와 체코, 남쪽으로
오스트리아와 스위스, 서쪽으로 프랑스, 룩셈부르크,
벨기에, 네덜란드와 국경을 맞대고 있습니다.
공용어는 독일어이고, 러시아어, 영어, 덴마크어 등을
사용합니다.
독일은 연방제와 의원 내각제를 채택한 공화국으로
16개 주로 이루어져 있습니다. 베를린은 그 16개 주 중에
하나이자 독일의 수도입니다.
오늘날 독일은 국내 총생산이 세계 4위이며 수출과 수입
규모는 세계 2위인 경제 대국입니다. 또한 여러 과학 기술
분야에서 선도적인 위치를 차지하고 있으며 생활 수준과
사회 보장 제도의 수준이 높은 나라 중 하나입니다.

독일의 위치

제2차 세계 대전

인류 역사상 가장 많은 인명 피해와 재산 피해를 남긴 가장 파괴적인 전쟁입니다. 대개 전쟁이 시작된 때는 1939년 4월, 나치
독일군이 폴란드의 서쪽 국경을 침공하고, 소련이 1939년 9월, 폴란드의 동쪽 국경을 침공한 시점이라고 봅니다. 한편에서는
1937년 7월, 일본 제국의 중국 침략, 1939년 3월 독일군의 프라하 진주 등을 전쟁 시작일로 보기도 합니다. 1945년 8월
6일과 8월 9일, 미국의 원자폭탄 투하 이후 8월 15일 일본 제국이 무조건 항복하면서 사실상 전쟁은 끝이 났으며, 일본
제국이 항복 문서에 서명한 9월 2일 공식적으로 끝났습니다. 이 전쟁이 연합군의 승리로 끝나며 대한민국과 타이완 등
일본의 식민지로 있던 나라와 지역들이 독립했습니다.

4 세상을 바꾸기 위한 공부

1835년, 열일곱 살의 마르크스는 트리어를 떠나 본 대학에 입학했습니다. 법률을 공부하기 위해서였습니다.

더 이상 왕은 필요 없다!
모든 권력을 국민들에게!

누가 보는 사람은 없겠지?

*폭정: 포악한 정치

세상을 바꾸기 위한 공부 **77**

법학부에 들어온 그 신입생?

보통 학생들은 입시 공부 때문에 문학과 철학을 잘 모르지만 마르크스는 어릴 때부터 그런 책을 많이 읽었대.

바이런의 시나 셰익스피어의 희곡, 그리고 괴테의 소설에 대해 이야기하는 걸 많은 학생들이 들었다고 하더군.

그렇기는 하지만······.

우리랑 사회 문제를 알리는 전단을 써 보는 건 어때?

······

뭘 망설이지?

세상은 그렇게
쉽게 바뀌지 않아요.

뭐라고?

섣불리 이 일에
나섰다가 좋지 않은
결과가 온다면
어쩌지?

카를. 네가 망설이는 것은 이해가
돼. 좋은 대학에서 법을 공부하고
졸업하면 앞날이 보장되니까.

게다가 이런 일에 가담하면
훗날 변호사나 공무원이
되는 데 큰 지장을 받게
될 테니 말이야.

하지만 너 혼자 출세해서
잘 먹고 잘살면 과연
행복할까? 우린 모든
사람들이 좀 더 잘살 수
있는 세상을 만들기 위해
노력하고 있는 거라고.

아직도 어떤 사람은 태어날 때부터 노예이고 또 어떤 사람은 태어날 때부터 귀족이라는 게 말이 돼?

요새는 종교와 왕의 힘으로 인간의 나쁜 성품을 강제로 구속해야 한다는 주장도 다시 고개를 들고 있어.

그런데 아들의 장래를 염려하는 아버지는 마르크스에게 매일 편지를 보내 공부에만 열중할 것을 당부합니다.

내 아들 카를에게.
아버지는 네가 정치적인 활동을 그만두고 변호사나 공무원이 될 준비를 하길 바란다. 네가 열여섯 살 때의 일을 떠올려 보면 알 거야. 그때 아버지는 큰 사명감을 가지고 왕 앞에서 연설을 했지만 세상은 전혀 바뀌지 않았잖니?
게다가 나는 우리 가족에게 가해지던 위협을 아직도 생생하게 기억한단다.

아버지가 이렇게 걱정하시는데……. 아버지의 바람대로 법을 공부해서 출세해야 할까?

마르크스는 또 포이어바흐의 유물론을 연구했습니다.

신, 종교, 도덕 같은 생각이나 관념들은 실재가 아니야. 물질은 그런 관념들과는 상관없이 존재하지. 예를 들면 우리들이 늦잠을 자서 해를 보지 못했다 하더라도 우리들의 생각과는 관계없이 해는 존재하잖아.

이렇게 마르크스는 세상은 끊임없이 발전한다는 '변증법'에 세상의 변화를 이끌어 가는 것은 정신이 아니라 물질이라는 '유물론'을 더해, 세상을 바라보는 자신만의 관점과 철학을 만들었습니다.

포이어바흐의 생각이 옳아. 세상은 정신이 아니라 물질이 변화시켜 가는 것이지. 물질이 있어야 정신도 있는 거야.

카를, 좀 쉬었다 하자. 바람도 좀 쐬고.

아냐, 나는 오늘 공부할 게 아직 많이 남았어.

어휴, 지독한 공붓벌레 같으니라고.

결국 마르크스는 무리해서 공부한 탓에 병원에 입원하게 됩니다.

무리해서 공부하다 병이 났다고 하던데 또 책을 보고 있네.

마르크스! 이게 뭐 하는 짓인가!

책을 볼 때 아프지 않단 말이에요.

주사를 놓을 시간인데요.

이봐, 의사의 말을 어기고 그렇게 계속 공부할 거라면 당장 이곳에서 나가!

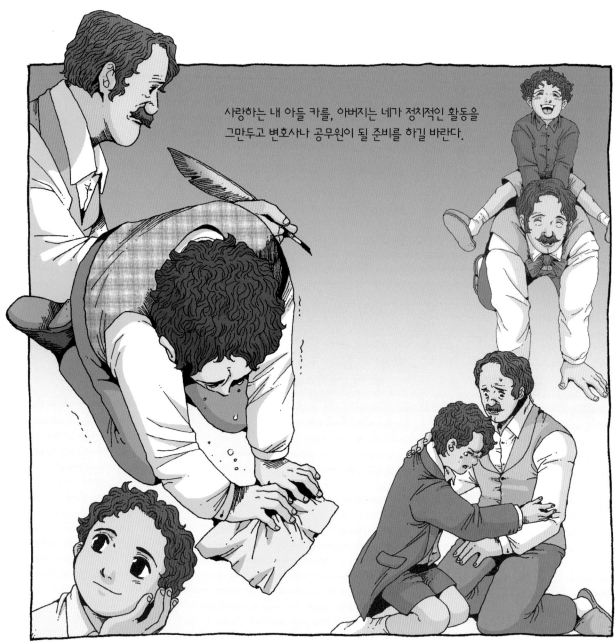

사랑하는 내 아들 카를, 아버지는 네가 정치적인 활동을
그만두고 변호사나 공무원이 될 준비를 하길 바란다.

아버지가 안 계시니 이제
학비도 내가 마련하고, 아버지
대신 장남으로서 가족들을
보살펴야겠구나.

이제 마르크스는 학비는 물론 트리어에 있는 가족들의 생활비까지 벌어야 했습니다.

이봐, 남는 시간이 있으면 먼지나 닦아.

잠자는 시간을 더 줄이는 수밖에 없겠네.

이렇게 벌어서는 가족에게 보낼 생활비는 커녕 학비조차 모자라겠어.

뭐?

하지만 대학교수가 되면 여유롭게 연구할 수 있을 거라고.

혹시 대학에서 강의를 하려면 권력의 눈치를 봐야 해서 그런 거야?

그래, 맞아.

진보적인 주장을 하는 대학교수들은 모두 자리를 잃었어. 나라고 자신들의 배만 불리는 왕과 귀족들이 우글거리는 프로이센 정부에 순종할 수는 없어.

당시는 왕권과 제도에 소신 있는 발언을 하는 것이 금지되어 있었습니다. 때문에 학생 때부터 정치 활동에 참여했던 마르크스는 박사 학위를 받고도 교수가 될 수 없었습니다.

안락한 삶이 보장된 미래를 버리고 험난한 가시밭길로 나섰구나.

마르크스가 학교를 졸업하고 가장 먼저 한 일은 쾰른에서 발행되는 〈라인 신문〉에 정치 기사를 쓰는 일이었습니다. 라인 지방에 있는 여러 상공인들과 지식인들이 자금을 모아 만든 신문이었기 때문에 왕을 비판하는 반정부적인 글을 실을 수 있었습니다.

마르크스! 뭘 그렇게 유심히 보고 있어요?

〈쾰른〉이요. 왕의 군대가 행진하는 모습을 대문짝만하게 실었지 뭐예요! 자랑스럽고 믿음직한 군대라고요.

하하, 〈쾰른〉은 우리와는 정반대되는 신문이죠.

그 신문사에는 권력을 휘두르는 귀족들이 참여하고 있기 때문이에요.

그러니 우리는 왕의 군대를 비판하는 글을 써서 국민들이 읽도록 해야 합니다.

네? 그렇긴 하지만 ……

아버지가 프리드리히 빌헬름 3세를 공격했던 것처럼, 나는 프리드리히 빌헬름 4세를 비판하는 거야.

싸움이 대를 이어 계속되는구나.

카를, 잠깐 와 보게.

이렇게 노골적으로 왕을 비난하면 어떡하나? 이건 신문에 싣지 않을 테니 그렇게 알게.

그럼 대체 뭘 쓰라는 겁니까?

세상을 바꾸기 위한 공부 **97**

마르크스가 쓴 첫 번째 기사는 검열에 걸려 삭제되고 말았습니다. 하지만 과거 아버지의 잘못을 돌이키며 기회가 될 때마다 합리적이고 조리 있게 정부를 비판했습니다.

그런 기사는 위험해요. 신문을 만들지 못하게 될지도 몰라요.

권력에 겁을 먹으면 사람들에게 진실을 알릴 수가 없어요.

하지만……

다른 신문들처럼 검열에 걸리지 않기 위해 관리들에게 굽실거리고 싶나요? 진실조차 말할 수 없다면 차라리 신문을 만들지 않는 게 나아요.

이건 너무 가혹한 짓이다. 바로 이런 농민들이 프로이센의 왕과 귀족들을 먹여 살리고 있다는 걸 모르는가?

이, 이렇게 용감한 신문이 있었단 말이야?

〈라인 신문〉 봤어요? 왕과 귀족을 그렇게 비판할 수 있다니 속이 후련해요.

그런 신문이 있었어요? 저도 당장 봐야겠어요.

마르크스에게 영향을 준 작가

하나 세르반테스

미겔 데 세르반테스는 《돈키호테》로 유명한 에스파냐의 작가입니다.

세르반테스(1547~1616년)는 에스파냐의 소설가, 시인, 극작가입니다. 그는 1570년 20세 때 이탈리아의 추기경을 따라 로마로 건너가 군인이 되어 레판토 해전에 참전, 가슴에 두 군데의 상처를 입어 평생 왼손을 쓸 수 없게 되었습니다.

1575년에는 해적에게 잡혀 알제리에서 5년 동안이나 노예 생활을 하다가 성삼위일체 수도회의 도움으로 자신의 주인에게 몸값을 지급한 뒤, 가족이 사는 마드리드로 돌아와 글을 쓰기 시작했습니다.

1585년 소설 《라 갈라테아》를 출판했으나 별로 인기를 끌지 못하였습니다. 관리 일을 하던 중 계산 착오로 공금을 맡긴 은행으로부터 고발당해 투옥되었는데, 감옥에서 나온 후인 1605년 《돈키호테》의 제1부를, 1615년 《돈키호테》 제2부를 발표했습니다. 이 소설은 그를 세계적인 대작가로 만들어 놓았습니다.

《돈키호테》의 내용은 다음과 같습니다. 에스파냐의 시골 귀족 알론소 기하노는 밤낮으로 기사 이야기를 탐독한 나머지 정신이 이상해져, 자기 스스로 중세의 기사가 되어 세상의 부정과 비리를 도려내고 학대당하는 사람들을 돕고자 합니다. 갑옷을 입고 로시난테라는 앙상한 말을 타고 모험의 길에 오르지요. 그는 근처에 사는 농부 산초를 하인으로 거느립니다. 현실과 동떨어진 고매한 이상주의자인 돈키호테는 순박한 농사꾼으로 우직하고 충실한 하인 산초와는 지극히 대조적인 모습을 보여 줍니다.

두 사람은 가는 곳마다 현실 세계와 충돌하며 비통한 실패와

《돈키호테》의 한 장면

패배를 맛보게 됩니다. 하지만 이러한 가혹한 패배에도 그의 용기와 고귀한 뜻은 조금도 꺾이지 않습니다.

셰익스피어가 태어난 집

둘 　 셰익스피어

셰익스피어(1564~1616년)는 36편의 각본과 154편의 14행시(소네트)를 썼습니다. 그의 희곡 전집은 1623년 극단 동료의 손에 의해 편찬되어 세상에 나왔습니다. 갑자기 어려워진 집안 사정으로 인해 학업을 계속할 수 없었지만, 동시대 작가들의 질투를 받을 정도로 풍부한 어휘를 사용하며 글을 썼어요. 그는 생전에 이미 최고의 찬사를 받았고, 죽은 후에도 계속 재평가되며 최고의 극작가이자 시인으로 인정받고 있습니다. 비평가 칼라일이 "영국 식민지 인도와도 바꿀 수 없다."고 말할 정도로 위대한 작가였지요. 《로미오와 줄리엣》, 《베니스의 상인》, 《햄릿》, 《맥베스》 등 인간의 심리를 잘 표현한 수많은 명작을 남겼습니다.

셰익스피어의 극은 인간 관계에서 생겨나는 문제를 가장 밑바닥에 깔고 있습니다. 셰익스피어에게 인간에 대한 흥미와 호기심이 없었다면 그의 극이 이처럼 재미있을 수는 없을 것입니다.

셰익스피어의 탁월함을 증명해 주는 또 다른 점은 그의 문학적, 연극적 상상력과 독특한 표현력을 들 수 있습니다. 셰익스피어는 자신이 속한 극장의 구조를 십분 활용하면서 공간의 한계를 뛰어넘는 무한한 상상력을 발휘하였고, 관객과 독자를 매혹시켰습니다. 같은 이야기 소재라도 셰익스피어의 손에 들어가면 모든 이의 정서에 공감을 줄 수 있는 보편성을 갖게 되었습니다.

셰익스피어는 영국의 위대한 극작가입니다.

그렇기 때문에 셰익스피어의 글은 시대를 넘어 많은 사람들에게 사랑받았습니다. 오늘날까지도 셰익스피어의 희곡은 세계 곳곳에서 상영되고 있고, 셰익스피어의 글과 삶을 주제로 한 영화나 다양한 예술 작품이 만들어졌답니다.

셋 하인리히 하이네

하인리히 하이네는 독일의 시인이자 평론가입니다.

하인리히 하이네(1797~1856년)는 독일의 시인이자 평론가로, 괴테와 더불어 독일이 낳은 세계적인 시인입니다. 낭만주의와 고전주의 전통을 잇는 서정 시인인 동시에 반전통적이고 혁명적인 언론인이었습니다.

일찍이 문학적 소질을 보였으나, 처음에는 상인이 되려고 프랑크푸르트에 갔고, 숙부의 도움으로 1819년 본 대학교에서 법률을 공부하다가 문학으로 전공을 바꾸었습니다.

1827년 시집《노래의 책》을 내어 명성을 얻었으며, 독일과 프랑스의 신문, 잡지에 많은 논문과 평론을 내어 언론인으로서도 인정을 받았습니다. 하지만 독일 정부의 정책에 반대한다는 이유로 정부의 미움을 사 국외로 추방되었고, 그 뒤로는 계속 파리에 머물면서 민주주의를 위한 논문과 아름다운 시를 썼습니다.

who? 지식사전

그리스 아테나 신전

그리스 신화

그리스 신화는 고대 그리스의 신화 및 전설의 총체를 일컬으며, 고대 그리스의 신과 영웅, 세계의 본질, 그리스 고유의 종교 의례와 의식의 기원 및 의미에 대한 신화와 전설을 일컫습니다.

그리스 신화에서는 세계의 기원에 대해 설명하며, 수많은 신과 영웅 및 신화적 생물의 삶과 모험에 대한 자세한 내용들이 나옵니다. 그 내용은 원래 구전된 것으로, 오늘날 그리스 신화는 최초의 그리스 문학 작품이라고 합니다.

하이네의 작품으로 〈로만파〉, 〈독일 겨울 이야기〉, 〈파우스트 박사〉, 〈아타 트롤〉, 〈로만체로〉 등이 있습니다. 특히 〈아타 트롤〉은 격조 높은 풍자 서사시로 문학사에서 한 자리를 차지합니다.

그러나 무엇보다 그에게 세계적 명성을 가져다준 것은 시집 《노래의 책》과 《로만체로》랍니다. 두 책은 하이네의 작품 세계의 각각 다른 면을 특징적으로 보여 주는 대표작이라고 할 수 있습니다. 먼저, 《노래의 책》은 사랑에 대해 쓴 시로, 순수한 아름다움을 추구한 하이네의 예술 세계를 보여 주고 있어요. 운율과 서정적인 묘사로 인기를 끌었습니다. 이렇게 서정적인 시를 쓰면서도, 하이네는 시대의 정치적·사회적인 문제들을 작품을 통해 비판하고 여러 논문과 평론 등을 통해 적극적으로 자신의 사상을 펼치기도 했어요. 그러한 하이네의 비판적인 성향이 나타나 있는 것이 《로만체로》입니다. 이 시집에서 그는 병든 시인의 눈을 통해 인간과 인간의 역사를 우울하면서도 유쾌한 시각으로 표현하고 있습니다.

하이네의 시는 지금까지도 많은 사랑을 받고 있으며 특히 독일의 가곡으로 만들어져 애창되고 있습니다.

하인리히 하이네의 흉상

인간에게 불을 가져다 준 영웅, 프로메테우스

프로메테우스 조각상

프로메테우스는 고대 그리스 신화에서 올림포스의 신들보다 한 세대 앞서는 티탄족에 속하는 신입니다. 티탄족 이아페토스의 아들이며 아틀라스, 에피메테우스, 메노이티오스, 헤스페로스 등의 형제였습니다.

프로메테우스는 불을 훔쳐 인간에게 준 죄로 제우스의 분노를 사, 바위에 쇠사슬로 묶여 독수리에게 간을 쪼아 먹히게 되었습니다. 바위에 묶인 지 3만 년 후 헤라클레스가 독수리를 죽이고 그를 구해 주었습니다.

5 엥겔스와의 만남

〈라인 신문〉 폐간 이후 마르크스는 프로이센 정부의 억압을 피해 프랑스 파리로 갔습니다. 더 이상 공개적으로 자신의 사상을 말하는 것이 불가능했기 때문입니다.

마르크스는 파리에서 독일의 사회주의자 프리드리히 엥겔스를 만났습니다. 〈독일-프랑스 연보〉라는 잡지에 노동자들을 위한 글을 쓰고 있던 때였습니다.

당신이 프리드리히 엥겔스인가요?

네, 마르크스. 당신이 연재하는 글을 보고 감명받았어요. 그래서 만나자고 한 거예요.

엥겔스 당신도 사회 문제에 관심이 많군요.

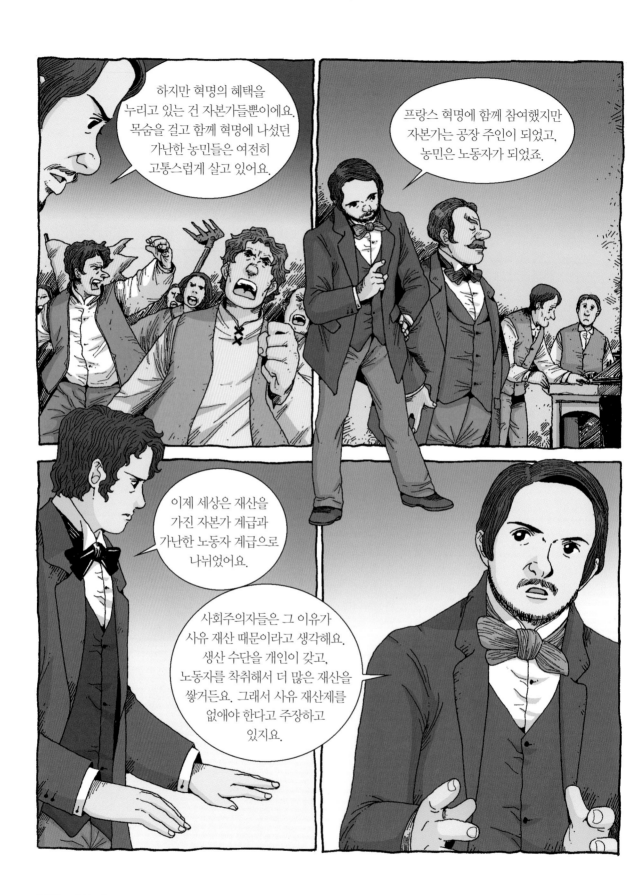

반면 마르크스가 태어나고 자란 프로이센은 산업화가 더디게 진행되고 있었기 때문에, 마르크스는 공장에서 일하는 노동자들의 삶을 자세히 볼 기회가 없었습니다.

내가 프로이센에서 변증법과 유물론에 온 정신을 쏟고 있는 동안, 영국과 프랑스 사회는 크게 변화하고 있었어. 나는 아직 우물 안 개구리에 불과해.

엥겔스와 만난 이후 마르크스는 노동자에 대한 연구를 본격적으로 시작했습니다.

엥겔스, 당신이 최근에 발표한 〈영국 노동 계급의 조건〉이라는 글을 읽고 큰 감명을 받았어요.

왜 자본가는 점점 더 부자가 되고 노동자들은 죽도록 일해도 가난을 벗어나지 못하는 걸까요? 그 이유를 과학적으로 분석해 보고 싶어요.

우리 함께 연구해 볼까요?

그러자고 말할 참이었는데. 하하하.

사회주의 운동에는
노동자들이 단체를
만들거나 자본가들과
연계해서 함께 사회를
바꾸어 가는 방법도
있어요.

나는 그런 폭력적인 테러리즘에 반대해요.
자본가와 노동자는 서로 반대되기 때문에
부딪히는 것이고 둘은 끊임없이 부딪히면서
새롭게 변화해 갈 거예요.

마르크스, 무력과 폭력을
사용하지 않으면 혁명은
불가능해요.

사회주의 혁명은
그렇게 이루어지는
거예요.

마르크스가 말한 혁명은 결코 폭력에 의한 혁명이 아니었습니다.
마르크스는 다른 사상가들과는 다르게, 현실 세계에서 가능한
더 나은 사회를 과학적으로 설명하기 위해 애쓴 학자였습니다.

으음!

마르크스는 프로이센 정부의 압력으로 프랑스에서 추방되고 말았습니다. 다행히 엥겔스의 도움으로 벨기에 브뤼셀에 정착할 수 있었습니다.

엥겔스가 브뤼셀에 거처를 마련해 놓았다니 얼마나 다행인지! 우리가 어려울 때마다 도움을 주니 정말 고마운 친구예요!

그가 아니었다면 우린 꼼짝없이 거리에서 얼어 죽고 말았을 거예요.

브뤼셀에서 지낸 2년 동안 마르크스는 《경제학 철학 수고》, 《신성 가족》, 《포이어바흐에 대한 테제》, 《독일 이데올로기》, 《철학의 빈곤》 등의 책을 썼습니다. 《공산당 선언》과 《자본론》 사상의 바탕이 완성된 것입니다.

마르크스와 엥겔스는 1847년 6월, 런던에서 국제 노동자 단체 '공산주의자 동맹'을 함께 만들었습니다.

자본가 계급을 타도하고, 노동자 계급이 지배하는 사회를 만들어야 합니다.

와아, 노동자 만세! 공산당 만세!

이제 두 분은 우리 노동자들의 *강령을 만들어 주세요.

이렇게 하여 1848년, 마르크스의 《공산당 선언》이 발표됩니다.

전 세계 노동자들은 단결하라!

전 세계 노동자들은 단결하라, 단결하라!

《공산당 선언》은 당시의 자본주의 체제가 어떻게 등장했는지를 설명하고 자본가(부르주아)와 노동자(프롤레타리아) 계급 사이의 갈등, 그리고 고통에 신음하는 노동자들의 실상을 고발한 작은 책자였습니다.

각 나라에 지부를 두어 국제 노동자 운동을 발전시키도록 합시다.

여기 계신 분들이 각기 자기 나라의 지부를 맡아 주세요.

공산주의자 동맹의 노동자들은 이후 유럽에서 일어나는 혁명에 적극적으로 참여했습니다.

좋습니다.

*강령: 사회단체 등이 그 기본 입장이나 방침을 열거한 것

인류의 역사는 계급 간의 투쟁을 통해 발전해 왔어요. 자본주의는 노동자 계급의 혁명으로 무너지고, 새로운 *공산주의 사회로 변화할 것입니다.

선생님, 먼저 자본가 계급과 노동자 계급이 어떻게 탄생되었는지부터 말씀해 주세요.

산업 혁명 이후 도시에 공장을 세우고 많은 돈을 벌게 된 사람들을 자본가라고 해요.

공장을 세워 돈을 많이 벌면 뭐해? 왕과 귀족들에게 세금으로 왕창 빼앗기는데.

그러니 혁명을 일으켜 왕과 귀족을 쫓아내야 해!

수많은 농민들 역시 왕과 귀족들의 폭정에 시달리고 있으니 우리를 도울 게 분명해요.

이제 왕 같은 건 필요 없다!

*공산주의: 모든 재산과 생산 수단을 사회가 공동으로 갖고 계급이 없는 사회를 목표로 하는 사상

독일어로 쓰여진《공산당 선언》은 처음에는 극히 소수의 사람들만이 읽었습니다. 그러나 시간이 흐를수록 사람들 사이에 퍼져 나갔고 1980년대까지는 구소련과 동독, 폴란드, 헝가리 등 유럽의 여러 나라들, 지구의 3분의 1 이상의 나라들이《공산당 선언》을 지지하게 됩니다. 마르크스만의 철학, 마르크스만의 공산주의 사상이 들어 있는《공산당 선언》의 발표가 마르크스를 역사상 가장 영향력 있는 철학자와 사상가로 만들었습니다.

이제 《공산당 선언》을 읽지 않은 노동자는 없을 거야.

자본가들은 우리 노동자들에게 터무니없는 품삯을 주면서 나쁜 작업 환경에서 일하게 하고 있어.

분노한 노동자들이 혁명을 일으키면 자본가들은 망할 수밖에 없지.

와아! 국민이 주인이 되는 세상을 만들자!

전 유럽에 혁명의 기운이 번지고, 프로이센에서도 혁명이 일어나자 마르크스는 고향에 돌아갈 수 있었습니다. 하지만 프로이센의 혁명은 1년 만에 실패로 끝이 나고, 왕정이 복귀했습니다.

어서 여길 떠납시다. 프로이센 정부가 혁명에 가담한 사람들을 탄압하고 있어요.

1849년, 마르크스는 영국 런던으로 가서 망명 생활을 시작합니다.

카를, 영국에서는 얼마나 있게 될까요?

글쎄…… 몇 개월, 아님 몇 년? 하지만 그리 길지는 않을 거예요. 역사는 노동자들의 편이고, 세상은 바뀌게 될 테니까요!

마르크스에게 영향을 준 사상가

하나　헤겔

게오르크 빌헬름 프리드리히 헤겔(1770~1831년)은 독일의
철학자로, 훗날 그의 사상은 마르크스를 비롯한 후대의 많은
지식인에게 영향을 주었습니다. 헤겔은 1770년 독일 남서부의
슈투트가르트에서 태어났습니다. 지금도 이 지역에 가면
헤겔이 태어난 집이 보존되어 있답니다. 고등학교를 마친 뒤
튀빙겐 신학교에서 공부했는데, 그가 아직 신학교에 다니던
시절에 프랑스에서 혁명이 시작되었습니다. 이후 스위스
베른과 독일 프랑크푸르트에서 가정교사로 일하며 종교와
정치에 대한 글을 여러 편 썼어요. 출간되지는 않았지만
청년기 헤겔의 사상이 잘 드러나는 글입니다.
활발하게 저술 활동을 하며 여러 지식인과 교제를 나누던 중,
예나 대학으로 가 학생들을 가르쳤고, 하이델베르크 대학,
베를린 대학에서 교수로 일하게 되었습니다.
헤겔은 세상의 모든 것, 즉 인간, 자연, 사회, 그
어떤 것도 고정불변하는 것이 아니라 갈등과 대립을
극복하면서 끊임없이 변화한다고 보았습니다. 이것이 바로
'변증법'입니다.

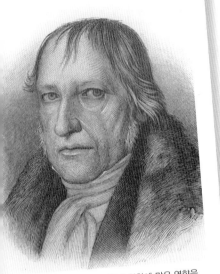

독일의 철학자 헤겔은 현대 철학에 많은 영향을
주었습니다.

who? 지식사전

포이어바흐의 유물론

포이어바흐는 신, 종교, 도덕 같은 생각이나 관념들이 실재가 아니라, 그런 관념들과는 상관없이 사물이 존재한다고
생각했습니다. 세상은 정신이 아니라 물질이 변화시켜 가는 것이고 물질이 있어야 정신도 있다는 것이 유물론입니다.
마르크스는 포이어바흐의 유물론을 받아들여, 인간의 생각은 물질적인 것에 근거한다고 생각했습니다. 그래서 물질적인
존재가 의식이나 생각을 규정한다고 믿었습니다. 마르크스는 헤겔 철학을 통해서 세상은 끊임없이 발전한다는 '변증법'에
이런 변화를 이끌어 가는 것은 정신이 아니라 물질이라는 '유물론'을 더해 자신만의 관점과 철학을 형성했습니다.

억압적이었던 프로이센 정부를 비판하면서 세상을 변화시키는 일에 열정적이었던 마르크스에게 이 변증법은 무척 매력적인 철학이었습니다. 당시 베를린 대학의 청년들과 독일 철학자들은 헤겔 철학을 중심으로 그를 지지하는 파와 반대하는 파 둘로 나뉘었다고 해도 과언이 아닐 만큼 헤겔의 영향력은 대단했습니다.

헤겔은 "신과 같은 절대적이고 정신적인 존재가 분명히 있다. 그리고 절대정신이 이 세상의 모든 변화와 발전을 이끌고 결정한다."고 주장했습니다. 또한 발전하고 변화해 가는 현실은, 절대정신의 존재를 증명하는 것이라고 말했지요. 주요 저서로《정신현상학》,《논리학》,《엔치클로페디》, 《법철학 강요》,《미학 강의》,《역사철학 강의》등이 있습니다.

베를린에 있는 헤겔의 묘비

둘   프루동

피에르 조제프 프루동은 프랑스의 무정부주의 사상가이자 사회주의자입니다. 무정부주의란 정부나 정치 조직뿐 아니라, 종교를 포함한 지배나 권위, 사유 재산 등이 없는 사회를 만들겠다는 주장입니다. 이를 '아나키즘'이라고 부르기도 하는데, 프루동은 이 아나키즘이라는 표현을 처음 사용하며 '무정부주의의 창시자'로 인정받습니다.

프루동은 프랑스에서 한 노동자의 아들로 태어나, 가난한 형편에도 틈틈이 일을 하며 돈을 벌어 힘들게 공부를 마쳤습니다. 학교도 잘 다닐 수 없는 상황이었지만, 열심히 공부해서 중등 교육까지 받았어요. 경제적인 어려움으로 대학 입학시험을 볼 수 없었지만, 인쇄소에서 일하면서 다양한 책을 읽을 수 있었습니다. 이 시기에 라틴어, 그리스어, 히브리어를 독학했고 많은 지식을 쌓아 사회주의 지식인과 친분을 쌓았습니다. 1838년에는 장학금을 받아 대학교에 입학했습니다.

프랑스의 사회주의자 프루동은 무정부주의의 창시자라 불립니다.

그는 《재산이란 무엇인가》라는 저서에서 사유 재산을 가지는 것을 '도둑질'이라고 말했으며, 노동자가 생산 수단을 소유해 조직을 만들고, 이 조직이 연합해서 연합 사회를 만들어야 한다고 주장했어요. 이러한 주장은 노동조합과 파리코뮌(파리에서 일어난 민중 봉기와 혁명 정부)에 영향을 미쳤습니다.

이후 그는 여러 번 재판을 받고 감옥에 갇히기도, 벌금을 선고받기도 했지만 정부를 비판하는 목소리를 낮추지 않았습니다. 19세기 사회주의 운동에 커다란 영향을 미쳤고, 마르크스도 그의 사상을 높이 평가하였습니다.

제정 러시아의 혁명가 바쿠닌 ⓒ obbino

셋 바쿠닌

미하일 바쿠닌(1814~1876년)은 러시아의 무정부주의자이자 사회주의 철학자입니다. 프루동이 처음으로 무정부주의라는 개념을 제시했다면, 바쿠닌은 본격적으로 무정부주의자의 세력을 모을 수 있게 하여 '무정부주의자의 아버지'또는 '아나키즘의 아버지'라고 불리기도 한답니다.

가난하게 자랐던 프루동과 달리 바쿠닌은 1,200여 명의 농노(봉건 영주의 지배를 받으며 토지를 빌려 경작하는 농민)를 지닌 귀족 가문에서 태어났습니다. 포병 장교로 일하다가 1835년 제대하였고, 이후 독일의 철학에 심취하여 철학 모임에서 활동했습니다. 당시 많은 지식인들을 만나 생각을 나누었는데, 특히 프루동과 친했고, 후에 의견 대립으로 멀어지는 마르크스와도 파리에서 만나 친해졌다고 합니다.

사회주의 혁명을 꿈꾸며 1849년 독일 드레스덴의 폭동에 참가했다가 체포되어 감옥에 갇혔습니다. 일본과 샌프란시스코를 거쳐 탈출해 1861년 런던에 도착한 뒤, 다시 마르크스를 만나 국제적인 사회주의 운동 조직인 '제1

무정부주의(anarchism)의 상징

인터내셔널'에 참여합니다.

하지만 이후 마르크스와의 관계가 나빠지게 되었습니다. 바쿠닌이 주장한 무정부주의가 마르크스의 생각과는 맞지 않았기 때문이었습니다. 그는 마르크스에게 대부분 동의했지만 국가 권력에 대해서는 절대적으로 반대했습니다. 마르크스의 이론대로라면 반드시 독재자가 나오기 마련이라고 생각했고, 그의 예언은 이후 공산주의 국가들에서 그대로 들어맞았답니다. 마르크스와의 관계 악화로 인터내셔널에서 쫓겨난 바쿠닌은 독립된 사회주의 세력으로 활동을 이어 갔습니다. 끝내 혁명의 뜻을 이루지는 못했지만, 그의 사상을 이어받은 사회주의 혁명가들이 이후 무정부주의 운동과 사회주의 운동을 이끌어 가는 데 영향을 주었습니다.

바쿠닌은 모든 종류의 관습과 제도에서 벗어나야 한다고 주장했습니다. 이러한 바쿠닌의 무정부주의는 뒤에 무정부주의 운동과 사회주의 운동이 결합된 형태의 사회주의 운동에 영향을 주었어요. 《신과 국가》, 《노동 동맹과 사회 혁명》 등의 책을 썼습니다.

독일 베를린에 있는 바쿠닌의 묘비

who? 지식사전

《철학의 빈곤》

1847년 마르크스는 프루동이 쓴 《빈곤의 철학》을 비판하는 《철학의 빈곤》을 발표했습니다. 프루동은 무정부주의자의 시초로 불릴 정도로 유명한 사상가이자 사회 운동가입니다. 가난한 농가 출신인 프루동은 "재산은 도둑질이다."라고 말하고, 농가를 착취하는 정부를 공격했습니다. 프루동은 평등을 방해하는 나쁜 요소들을 제거하는 것이 곧 역사의 발전이라고 보았습니다. 그러나 마르크스는 프루동의 이런 주장을 비판했습니다. 좋은 것은 남겨 두고 나쁜 것만 제거하는 것은 처음부터 불가능하다고 생각했기 때문입니다.

6 지옥 같은 가난

마르크스는 망명 생활이 곧 끝날 것이라고 믿었지만 죽을 때까지 영국을 벗어나지 못했습니다. 그리고 자본주의가 가장 발달한 나라 영국에서 가난은 지옥과 같다는 사실을 처절히 경험하게 되었습니다.

프로이센 정부에서 보낸 비밀경찰이 끈질기게 따라붙는군.

카를 마르크스? 그 《공산당 선언》을 발표한 사람이 바로 당신이요?

카를 마르크스

가난은 결국 자식들까지 앗아 갔습니다. 마르크스는 일곱 명의 아이 중에 네 명의 아이를 가난 때문에 잃었습니다. 아이가 세상을 떠났지만 관을 살 돈조차 없던 적도 있었습니다. 철학과 혁명만큼이나 가족을 사랑한 마르크스에게는 이루 말할 수 없는 고통이었습니다.

마르크스는 스스로 험난한 길을 선택했기 때문에 가난에 시달릴 수밖에 없었습니다. 가난하고 억압받는 사람들도 행복하게 살 수 있는 세상을 만들기 위해, 이를 반대하는 세력에 맞서야 했기 때문입니다.

마르크스는 비록 가난 때문에 아들 둘을 잃었지만 살아 있는 딸들에게는 정신적으로나마 절대 불행하지 않게 해 주겠다고 결심했습니다. 마르크스가 《자본론》을 쓰기 시작한 것은 그때부터 였습니다.

마르크스의 사상

〈라인 신문〉 폐간 당시 마르크스를 프로메테우스에
비유한 삽화

마르크스가 살던 당시 영국 런던에는 산업화로 인해 큰
공장들이 생겨나고, 어른뿐 아니라 가난한 어린아이들까지
하루 20시간 가까이 일해야 했어요. 이렇게 일해도
노동자는 겨우 허기를 채울 수 있을 정도였지만, 자본가는
더욱 재산을 불려갔어요.

이런 상황에서 마르크스는 철학으로 세상을 변하게
만들었습니다. 억압받는 노동자 계급을 돕기 위해
자본주의 사회가 무엇이 잘못되었는지를 문제점을
찾아냈고, 그 대안으로 공산주의를 제안했습니다. 이후
전 세계에서 공산주의 혁명이 일어났지요. 공산주의를
받아들이지 않은 국가에서도, 이러한 움직임을 통해
자본주의의 문제점을 인식하고 보완할 수 있게
되었습니다.

그의 사상은 역사적으로 실제적인 변화를 일으켰을
뿐 아니라 학문에까지 큰 영향을 미쳤습니다. 현재까지도
철학, 역사, 문학, 사회학 등 인문학 전반과 경제학에는
마르크스의 영향이 깔려 있습니다.

하나　　**마르크스가 쓴 책**

《공산당 선언》

1848년 런던에서 출판되었습니다. 마르크스와 엥겔스는
정당한 권리를 찾으려는 노동자들을 돕기 위해 이 책을
함께 썼고, 지금 《공산당 선언》은 세계에서 가장 중요한 책
가운데 하나가 되었습니다.

"하나의 유령이 유럽을 떠돌고 있다. 공산주의라는 유령이
……교황, 차르, 독일 경찰……그들은 우리를 두려워한다.

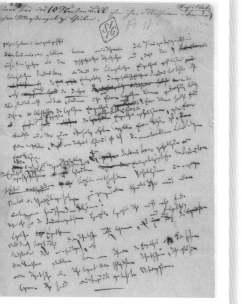

마르크스가 쓴 《공산당 선언》의 원고

……지배 계급을 공산주의 혁명 앞에 떨게 하라.
노동자들이 잃을 것은 쇠사슬밖에 없으며 얻을 것은 온
세상이다. 모든 나라의 노동자들이여, 단결하라!"
《공산당 선언》은 인류의 역사가 착취하는 지배 계급과
억압받는 피지배 계급 간의 투쟁을 통해 발전해
왔고, 자본주의는 노동자 계급의 혁명으로 무너져
새로운 공산주의 사회로 변화할 거라는 주장을 담고
있습니다.
그래서 《공산당 선언》은 예나 지금이나 혁명을
바라는 사람들에게는 엄청난 찬사를 받지만,
마르크스를 비판하는 사람들에게는 폭력적인 사상을
퍼뜨리는 책으로 비난받고 있습니다.

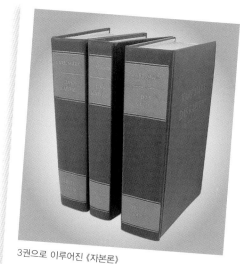

3권으로 이루어진 《자본론》

《자본론》

마르크스는 《자본론》에 자신이 연구한 모든 것을
담고자 온 힘을 다했습니다. 무려 10여 년에 걸친
작업 끝에 1867년 1권을 출판할 수 있었고, 2권과
3권은 마르크스가 죽은 뒤에 엥겔스가 출판했습니다.
마르크스는 《자본론》에서 공장주들이 '잉여 가치'라고
하는 이윤을 어떻게 만들어 내는지 밝혔는데,
이는 공장주들이 노동자들이 일한 것에 비해 훨씬
적은 품삯을 주며 노동자들을 착취하기 때문이라고
설명했습니다.
그리고 자본가들이 더 많은 이윤을 얻기 위해
노동자들을 더 가혹하게 착취함으로써 마침내
노동자들이 자신들의 생존을 위해 혁명을 일으켜
자본주의 체제는 무너지고 노동자 계급이 권력을
장악하게 될 것이라고 예견했습니다.
또한 상품을 만드는 데 쓰는 모든 것, 즉 공장, 기계,
원료, 자본 등이 일하는 노동자의 것이 되어야 한다고

《자본론》은 마르크스의 대표 저서입니다.

생각했습니다. 이처럼 개인의 재산을 없애고 모든 것을 모든 사람의 것이 되게 해서, 빈부의 격차를 없애겠다는 생각을 공산주의라고 합니다. 《자본론》의 영향을 받아 러시아를 시작으로 많은 나라에서 공산주의 혁명이 일어났습니다.

마르크스와 함께 사회주의의 사상과 이론을 확립한 엥겔스

둘 마르크스주의

마르크스주의란 마르크스와 엥겔스가 협력하여 만들어 낸 사회주의 사상과 이론의 체계를 일컫는 말입니다. 그 사상에 바탕을 둔 사회주의 운동을 포함하는 뜻으로 쓰이기도 합니다. 사회주의를 기반으로 하는 논리이며, 조금 더 구체적으로 자본주의 사회의 모순을 극복하기 위해 노동자들이 혁명을 일으켜 사회주의 사회로 변화해야 한다는 《자본론》의 내용을 핵심으로 하고 있어요.

세계사 속 마르크스주의

1917년, 러시아에서 레닌이 이끄는 세계 최초의 공산주의 혁명이 일어나 '소련'이 탄생했습니다. 레닌의 뒤를 이은 스탈린은 제2차 세계 대전 뒤 유럽에 많은 공산주의 국가들이 생겨나게 했습니다. 아시아와 아프리카, 라틴아메리카 여러 나라에서도 공산주의 혁명이 일어났습니다. 그 뒤, 세계는 약 40년 동안 미국이 대표하는 자본주의 진영과 소련이 대표하는 공산주의 진영으로 갈라져 팽팽하게 대립했습니다.

하지만 1989년, 베를린 장벽이 무너지기 시작하면서 많은 국가들이 공산주의 체제를 벗어났고, 냉전 시대는 막을 내렸습니다. 모두가 자유롭고 평등하게 살기 위해 세운 공산주의 국가들이 오히려 국민을 억압하고, 빈곤에 허덕였기 때문입니다. 이들은 20세기 말 도미노처럼

엥겔스의 흉상

하나둘 무너져 내렸습니다.

반면 마르크스가 무너질 거라 예상했던 자본주의 국가들은
비록 위기를 겪어 휘청거렸어도 문제를 보완해 가며 버티는
모습을 보여주었습니다. 마르크스가 주장한 사회주의
혁명은 공산주의 국가들이 몰락하며 현실에서는 실패한
이론이라고 결론 내려졌습니다.

마르크스주의의 재평가

물론 공산주의 혁명을 통해 세워진 나라들이 대부분
무너지거나 자본주의 경제 체제로 변화하는 등
마르크스가 생각했던 방법은 현실에서 이상적인
모습으로 완성되지는 못했습니다. 하지만 오늘날
마르크스는 사상가, 경제학자, 철학자, 역사학자,
사회 운동가, 혁명가 등 다양한 모습으로 재조명되고
있습니다. 여전히 그의 사상은 오늘날 우리들이
살아가고 있는 현실의 문제를 들여다보는 데 유용한
관점을 제시하고 있기 때문입니다.

마르크스 가족과 엥겔스 가족

오늘날 자본주의가 전 세계로 확장되면서 부자와
가난한 자, 부국과 빈국의 차이는 더욱 커지고 있으며,
마르크스가 지적한 자본주의 사회의 문제점들도 계속
발생하고 있습니다. 이때 마르크스와 그의 사상은
자본주의의 현실을 냉철하게 분석하고 비판하여 여러 가지
대안을 세울 수 있게 했지요. 오늘날에도 많은 사람들의
지지를 받고 있는 이유랍니다.

무엇보다도 자신의 부와 명예가 아닌 모든 사람들이
평등하고 행복한 사회를 꿈꾸며 자신의 배움과 열정을
인류를 위해 사용한 마르크스의 정신은 지금까지도 높이
평가받고 있습니다.

쿠바의 사회주의 혁명을 이끈 체 게바라 역시 마르크스의
영향을 받았습니다.

7 자본주의의 모순을 밝혀내다

자본주의라는 괴물은 대체 어떤 건지 어디 한번 제대로 파헤쳐 봐야겠어!

1862년 44세의 마르크스는 《자본론》을 쓰기 위해 날마다 영국 박물관에 있는 도서관으로 갔습니다. 아침 아홉 시에서 저녁 일곱 시까지 열람실에 앉아 공부하고 연구했습니다. 영국 박물관은 방대한 양의 도서와 영국의 대표적인 경제 잡지 〈이코노미스트〉, 정부에서 발행한 각종 경제 보고서 같은 전문 자료가 많았습니다.

저렇게 꼼짝도 않고 몇 시간이나 앉아 있다니! 대체 무슨 공부이기에 책이랑 자료들을 산처럼 쌓아 놓은 걸까?

자본주의 사회에서 사람들이 가장 중요하게 생각하는 것은 확실히 신이나 정신이 아니라 돈이구나.

그렇지만 인간이 돈을 숭배하면 할수록 돈이 인간을 지배하게 된다는 걸 알아야 해.

마르크스, 자본주의에 대해 연구하고 있다고 들었어요.

마르크스는 《자본론》에서 노동자들에게 왜 빈곤과 가난이 생길 수밖에 없는 것인지 과학적으로 분석하고자 애썼습니다.

네, 지금 상품과 화폐, 교역에 대해 연구하고 있어요. 곧 자본주의의 원리가 세상에 밝혀질 거예요.

마르크스 역시 바로 그것이 궁금해서 자본주의 연구를 시작한 걸요.

하하하!

노동자들이 죽도록 일하는데도 가난하게 살아야 하는 이유도 밝혀지나요? 그것이 가장 궁금해요.

1864년 런던에서 노동자들의 조직인 '국제 노동자 협회(제1차 인터내셔널)'가 창설되고, 마르크스는 엥겔스와 함께 이 조직을 이끌게 됩니다. 이 협회의 활동을 통해 마르크스의 사상이 각국에 보급되는 등 사회주의 운동에 큰 영향을 미칩니다.

아직 어느 나라에도 노동자를 위한 노동자 정당이 없습니다.

국제 노동자 협회는 1872년까지 여섯 차례 대회를 열고 여덟 시간 노동과 보통 선거권 쟁취 운동, 민족 독립 옹호 등의 활동을 벌였습니다.

각 나라에 노동자 정당이 생기도록 함께 노력합시다.

노동자 정당이 생겨야 노동자들의 힘이 커지고 사회주의 혁명도 가능해!

그 어린아이가 노동자가 되어 평생을 혹독한 가난 속에서 고통스럽게 살아갈 것을 생각하니 자본주의에 대한 분노가 치밀어!

그 아이의 아버지 또한 가난한 노동자였고, 장차 그 아이의 아이도 대를 이어 평생을 고통스런 노동자의 신분으로 살아가게 될 테지.

방금 전의 어린아이처럼 몸집이 작은 아이는 공장의 굴뚝 청소부로 부려질 거야. 몸집이 큰 어른보다 공장의 좁은 굴뚝을 청소하기가 쉬우니까.

자본주의는 돈 때문에 가족 간의 사랑마저도 망가뜨리는군.

돈이면 뭐든지 다 된다고 생각하기 때문이지.

연인끼리의 사랑, 친구 사이의 우정도 돈 앞에서는 맥을 못 추고 말아. 인간에게 가장 소중한 것은 서로 사랑하는 따뜻한 마음인데 말이야.

노동자들이 만든 상품에는
노동자들이 받는 임금 외에도
자본가의 몫이 포함되어
있는 거야.
그것의 정체가 뭘까?

그건…….

바로 잉여 가치야!

잉여 가치?

그래, 잉여 가치.

노동자들은 자기가 받는
돈보다 더 많은 일을 하는데 그게
바로 잉여 가치이고 그 잉여 가치가
클수록 자본가는 더 많은 돈을
벌어들이는 거야.

아하, 그래서 자본가들은 자꾸
새로운 기계를 들이고,
노동자들에게 더 많은
근무를 시키는 것이군!

카를,
저길 보게.

생산성은 늘어나지만,
노동자들의 여건은
점점 더 나빠지고 있어.

자본가의 자본이 불어날수록
노동자들은 더욱 빈곤에 빠질
수밖에 없지. 그 이유는
자본가가 노동자를
착취하기 때문이고.

노동자가 스스로 선택한 공장에
들어가 노동을 하고 봉급을 받기
때문이야. 그래서 일한 만큼 그 대가를
정당하게 누리는 것 같은 착각을
하게 되는 거지.

하지만 사람들은
노동자가 착취당하고
있다는 것을 느낄
수가 없어.

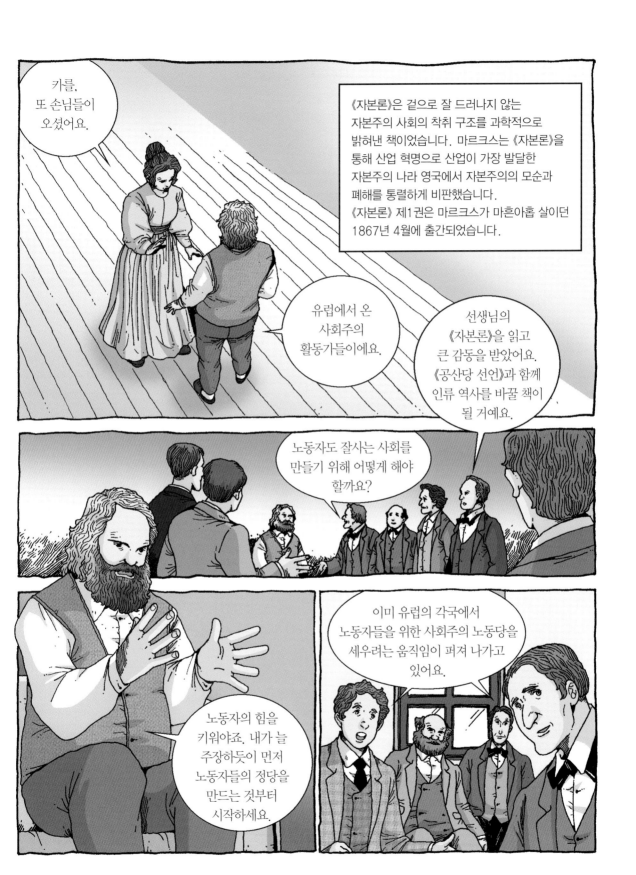

마르크스의 사상은 곧 러시아까지 번져 갔습니다. 러시아의 지식인들과 노동자들까지 《자본론》을 읽고 큰 감명을 받았습니다.

세상에, 카를! 이번엔 러시아의 노동자가 편지를 보냈군요.

런던의 카를 마르크스 박사님께

함부르크에서 출간된 박사님의 저서 《자본론》을 읽고 너무나 큰 감동을 받았습니다. 제가 하루 종일 일해도 왜 가난하기만 한지, 왜 이렇게 고달픈 삶을 살 수밖에 없는지, 그 이유를 알게 해 주셔서 정말 감사합니다. 또한 박사님께서 평생 가난한 노동자를 위해 연구하셨다는 사실이 너무나 존경스럽습니다.

러시아 피혁 공장의 노동자 요제프 디에트젱 올림

《자본론》은 곧 전 세계적인 영향력을 끼치게 되었습니다. 1871년, 파리에서 시민과 노동자가 세운 정부인 '파리 코뮌'이 세워졌습니다.

무능한 정부는 물러가라!

노동자들이여, 뭉쳐라! 우리 손으로 혁명을 이루자!

프랑스 혁명의 도시 파리!!
그곳에서 역사적인 사건이
또 한번 일어났다!

노동자 정부, 파리 코뮌 탄생!
마르크스의 《자본론》이
세상을 바꾸고 있다!

역사상 이렇게
위대한 일은
없었다.

아, 드디어 노동자가
힘을 가진 나라가
세워지는 거야!

하지만 파리 코뮌은
정부군에 의해
71일 만에 무너지고
말았습니다.

이렇게 허무할 수가!

파리 코뮌이 실패했소.

마르크스를 몰아 내고 우리가 주도권을 잡을 수 있는 좋은 기회요.

마르크스! 당신이 실질적 지도자이니 책임을 지고 물러나시오!

어떻게 이럴 수가 있지?

워낙 다양한 사상을 가진 이들이 모여 있어서 내부 갈등이 심하긴 했지만 이럴 줄은 몰랐어요.

라우라, 영국 박물관에 가서 여기에 적힌 자료들을 좀 빌려 오렴.

네, 아버지.

이후 국제 노동자 협회는 세력이 급격히 약해져 1876년에 결국 해체되었습니다. 마르크스의 나이는 쉰여덟이 되었고, 마르크스는 온갖 질병에 시달리며 몸이 급속도로 쇠약해졌습니다. 그러면서도 《자본론》 2, 3권의 집필에 온 힘을 쏟았습니다.

어디 그뿐인가요?
러시아어를 배울 때에도
고골과 푸시킨의 작품들을
읽으면서 의미를 모르는 단어가
나올 때마다 밑줄을 그으며
공부했잖아요.

예니, 공부를 하면 할수록
내가 많이 부족하다는 것을
깨닫게 되는걸요.

마르크스는 생애의 마지막 10년 동안
새롭게 터키어를 공부하는 등 배움에
대한 열정을 멈추지 않았습니다. 그러는
동안 마르크스의 얼굴은 유럽의 여러
신문의 1면을 장식했고, 미국의
〈뉴욕 월드〉, 〈뉴욕 헤럴드〉 등에서
앞다투어 인터뷰를 요청하기도 했습니다.

마르크스 선생님, 《자본론》
2권과 3권은 언제 나오나요?

가난과 고통 속에서도
연구를 계속하는 힘은
어디서 나오나요?

마르크스 사상이 전 세계에 퍼지고
있습니다. 소감을 말씀해 주세요.

요즘 터키어를
공부하고 있다던데,
공부가 그렇게
재미있나요?

저에게는 두 분의 아버지가 계셨어요.

그분들께 약속했었죠.

인류 전체의 행복을 위한 평등한 사회를 만드는 데 이바지하겠다고요.

이제야 그 약속을 지켰네요.

역시, 대단해요!

2년 후에 큰딸 예니헨마저 죽자,
슬픔을 견디지 못한 마르크스는
두 달 후인 1883년 3월 14일, 65세의
나이로 세상을 떠나고 말았습니다.

마르크스의 생애는
인간을 위해 불을 훔치고 날마다 독수리에게 간을
파먹히는 고통을 당하던 프로메테우스와 같았습니다.
그는 행복한 세상을 꿈꾸며 세상을 바꾸는 일에
자신의 삶 전체를 바쳤습니다.

장례식에서는 가족과 몇 명의
친구, 몇몇 나라에서 온 노동자
대표가 참석했습니다.
마르크스의 평생의 동지
엥겔스가 감동적인 추모 연설을
남겼습니다.

마르크스는 자본주의 사회에서 고통 받는 노동자들의 삶을 연구하고 모든 사람들이 평등한 더 나은 세상을 꿈꾸었습니다. 그는 자본주의의 모순과 폐해를 과학적으로 밝혀내고 그 대안을 제시한 인류 최고의 철학자이자 사상가, 경제학자였습니다. 모두가 평등하고 행복한 세상을 꿈꾸었던 그의 사상은 사회 곳곳에 스며들었고, 오늘날에도 많은 사람들에게 그 가치를 인정받고 있습니다.

어린이
진로 탐색

정치학자

어린이 친구들 안녕?
카를 마르크스 이야기 재미있게 읽었나요?

그렇다면 이제부터
카를 마르크스가 꿈을 키워가는 과정을 함께 되짚어 보며
그가 활동한 분야와 그 분야에 속한 다양한 직업에 대해
살펴봐요!

또한 여러분에게는 어떤 장점과 적성, 가능성이
숨어 있는지 찾아보면서
그것을 어떻게 진로와 연결시킬 수 있는지에 대해서도
알아봅시다!

그럼 지금부터
여러분이 멋진 꿈을 향해 나아갈 수 있도록 도와줄
진로 탐색을 시작해 볼까요?

자기 이해부터
진로 체험까지,
다양한 진로 탐색
활동을 시작해 봐요!

정의롭다는 것은 무엇일까요?

정의란 여러 사람과 함께 살아가는 사회의 일원으로서 지켜야 할 올바른 것을
뜻해요. 마르크스는 어렸을 때부터 무엇이 옳은 일인가, 즉 '정의란 무엇인가'에 대해
깊이 생각했어요. 수백 명의 일꾼이 한 명의 귀족 앞에서 쩔쩔매는 것을 보며 잘못된
일이라 느꼈고, 태어나면서 정해지는 신분은 없어져야 한다고 생각했지요. 그는 모든
사람이 행복해지는 세상이 정의로운 사회라고 생각했어요.

여러분은 어떤 것이 정의롭다고 생각하나요? 정의롭거나, 혹은 정의롭지 못하다고
느낀 일이 있나요? 어떤 일이었는지, 왜 그렇게 생각했는지 적어 보세요.

어떤 일이 있었나요?	그 일이 왜 정의롭다고 느꼈나요? 혹은 왜 정의롭지 못하다고 느꼈나요?
차가 잘 안 다니는 건널목에서 신호등이 빨간색인데도 건넜어요.	차가 오지 않는 것을 확인하기는 했지만 규칙을 지키지 않은 것은 정의롭지 못하다고 생각해요.

진로
탐색
STEP 2

정치, 갈등을 조정하는 과정

마르크스는 당시 자본주의 사회에서 일어나는 노동자와 자본가 사이의 갈등을
해결할 방법을 찾기 위해 노력했어요. 정치는 이렇게 사회에서 일어나는 크고 작은
분쟁과 갈등을 조정해 가는 과정을 뜻해요.
여러분도 주변에서 서로의 의견이 달라 다툼이 일어나는 모습과 그 해결 과정을
보았을 거예요. 주변에서 일어나는 다툼이나 갈등에 여러분은 어떻게 행동했는지,
어떻게 행동하는 게 좋았을지에 대해서 함께 이야기해 보세요.

✳ 어떤 이유로 다툼이 생겼나요?

> 예 청소 당번을 번호 순으로 돌아가면서 하기로 했는데, 그러면 앞 번호의
> 친구들만 당번을 한 번씩 더 해야 해서 불만이 있었어요.

✳ 다투는 사람들의 의견은 어떤 점이 달랐나요?

✳ 다툼은 어떻게 해결되었으며, 그 모습에서 무엇을 느끼고 생각했나요?

175

진로
탐색
STEP 3

여러 가지 정치 제도

마르크스가 살았던 시기 프로이센은 왕이 권력을 가지고 백성을 좌지우지하는 나라였어요. 이러한 정치 제도를 두고 '절대 군주제'라고 해요. 정치학에서는 이러한 국가와 국민의 관계, 나라를 다스리는 통치 방법을 연구하고, 여러 가지 사회 문제의 해결 방법, 다른 나라와의 관계 등에 대해 연구해요.

각각의 정치 제도에 맞는 설명을 연결해 보고, 우리나라의 정치 제도에 대해 생각해 보세요.

(1) 나라의 주인은 국민이되, 나라의 대표나 국가 원수를 투표로 선출하는 정치 체제예요. 대통령제도 이에 속해요.   •

•   ㉠   입헌 군주제

(2) 왕과 같이 세습된 군주가 있지만, 권력이 제한되고 의회가 정치에 참여하는 정치 제도를 말해요.   •

•   ㉡   공화제

(3) 국회의 의석을 많이 차지한 다수당이 정부를 구성하는 정치 제도를 말해요.   •

•   ㉢   의원 내각제

✽ 지금 우리나라는 어떤 형태의 국가에 가까울까요? 그렇게 생각하는 이유를 적어 보세요.

정답: (1) ㉡ (2) ㉠ (3) ㉢

176

우리나라를 바꾼
정치적인 사건을 알아보아요!

프랑스에서는 시민 혁명이 일어나 왕이나 귀족 중심의 정치 제도가 사라지고 국민이
나라의 주인으로서 정치에 참여할 수 있는 민주 정치의 밑바탕이 만들어졌어요.
우리나라에도 정치의 흐름을 바꾼 중요한 사건이 많았어요. 어떤 사건이 있었는지
찾아보고, 이러한 일이 왜 일어났는지, 그 결과 무엇이 바뀌었는지를 조사해 보세요.

사건	동학농민운동
일어난 배경	19세기 말 농민들이 부패한 관리에 저항하여 일어난 농민 운동입니다. 농민들은 부패한 관리를 몰아내고, 신분 제도가 없는 평등한 사회를 만들자고 주장했습니다.
전개 과정	관리들이 부정하게 돈을 모으려고 백성들을 심하게 착취하자, 참다못한 농민들이 들고 일어났습니다.
결과	일본군과 관군에 의해 실패했습니다. 하지만 이후 활발하게 독립운동을 할 수 있는 밑거름이 되었습니다.

사건	
일어난 배경	
전개 과정	
결과	

진로
탐색
STEP 5

정치학자가 된 미래의 나와
인터뷰해요!

마르크스는 모두가 평범한 사회를 만들기 위해 연구하고 자신의 생각을 알리는 일이
세상을 올바른 방향으로 바꾸는 길이라고 굳게 믿었어요. 그래서 아플 때나 지독한
가난으로 힘들 때도 책을 손에서 놓지 않을 수 있었어요.
여러분이 미래에 유명한 정치학자가 되어 기자와 인터뷰를 한다고 상상해 보세요.
미래의 여러분은 어떤 정치학자가 되어 있을까요? 다음의 인터뷰에 대답하면서,
여러분은 정치학자가 되어 어떤 꿈을 이루고 싶은지 구체적으로 생각해 보세요.

✳ 정치학자가 되려고 결심한 이유나 계기는 무엇인가요?

✳ 정치학을 공부하면서 우리나라 정치의 어떤 점이 바뀌었으면 하고 생각했나요?

뉴욕 유엔(UN) 본부

한 나라의 갈등을 조정하는 정치도 쉽지 않은데, 여러 나라들 사이의 갈등은 어떻게 조정할 수 있을까요? 이를 해결하고 나라 간 협력을 돕기 위해 만들어진 국제기구가 있어요. 바로 유엔이지요.

1945년 2차 세계 대전이 끝나고, 세계는 전쟁을 피하고 평화를 유지하기 위해서 국가를 넘어선 약속과 기구가 필요하다고 생각했어요. 국제 연합, 즉 유엔은 그해 10월 24일에 출범되었어요. 현재 미국 뉴욕 맨해튼에 위치해 있으며, 유엔 본부가 있는 곳은 하나의 나라와 비슷합니다. 국제법을 바탕으로 한 유엔 헌장이 있고, 전쟁을 중재하기 위한 군사권도 가지고 있답니다.

유엔 본부의 전경 © Steve Cadman

유엔 본부를 방문하기 위해서는 꼭 사전 예약을 해야 하며, 가이드의 안내를 받아야 합니다. 관람 시간은 한 시간 정도 소요되는데, 유엔 본부에서는 네덜란드에 있는 국제 사법 재판소를 제외한 4개의 주요 기구를 둘러볼 수 있습니다. 또한 건물 내 회원국에서 기증한 전쟁과 평화에 관한 여러 가지 예술품도 볼 수 있어요. 때에 따라서 인권, 지속 가능한 발전, 기후 변화, 전쟁으로 피해를 입는 아동과 여성 등 유엔에서 다루는 주제에 대한 멀티미디어 전시도 진행됩니다.

매년 세계 평화를 위한 다양한 안건이 논의되는 총회의실의 모습 © Basil D Soufi

연표

카를 마르크스

1818년		프로이센의 작은 도시 트리어에서 태어납니다.
1830년	12세	트리어 고등학교에 입학합니다. 많은 문학 작품을 읽어 풍부한 감성과 지식을 쌓았습니다.
1835년	17세	본 대학 법학부에 입학합니다.
1836년	18세	본 대학에서 베를린 대학으로 전학합니다. 헤겔 철학의 영향을 받아 청년 헤겔학파에 가담합니다.
1838년	20세	아버지 하인리히 마르크스가 세상을 떠납니다.
1841년	23세	예나 대학에서 철학 박사 학위를 받습니다.
1842년	24세	〈라인 신문〉의 편집장이 됩니다.
1843년	25세	어릴 때부터 친구처럼 지낸 예니와 결혼합니다. 프로이센 정부의 압력을 피해 프랑스 파리로 갑니다.
1844년	26세	학문과 사상의 동반자이자 평생의 친구 프리드리히 엥겔스를 만납니다. 〈독일 – 프랑스 연보〉의 편집인이 됩니다.
1845년	27세	파리에서 추방당해 벨기에 브뤼셀에 머뭅니다.

1847년	29세	엥겔스와 함께 영국에서 공산주의 동맹을 만듭니다.
1848년	30세	《공산당 선언》을 출간합니다. 혁명에 참여하기 위해 프로이센에 돌아옵니다.
1849년	31세	프로이센에서 추방, 파리로 떠났으나 또다시 쫓겨나 영국 런던으로 망명합니다.
1850년	32세	망명 생활 중 아들 귀도가 세상을 떠납니다. 대영 박물관 도서관에서 경제학 연구를 다시 시작합니다.
1852년	34세	딸 프란체스카가 세상을 떠납니다.
1855년	37세	아들 에드거가 세상을 떠납니다.
1867년	49세	대표작인 《자본론》 제1권을 출간합니다.
1881년	63세	아내 예니가 세상을 떠납니다.
1883년	65세	폐종양으로 숨을 거둡니다.

찾아
보기

who? 한국사

초등 역사 공부의 첫 단추! '인물'을 알아야 시대가 보인다

● 선사 · 삼국   ● 남북국   ● 고려   ● 조선

※ who? 한국사(전 47권) | 대상 초등학교 전 학년 | 책 크기 188×255 | 각 권 페이지 190쪽 내외

who? 인물 중국사

인물로 배우는 최고의 역사 이야기

※ who? 인물 중국사 (전 30권) | 대상 초등학교 전 학년 | 책 크기 188×255 | 각 권 페이지 190쪽 내외

who? 아티스트

최고의 명작을 탄생시킨 아티스트들을 만나다

● 문화 · 예술 · 언론 · 스포츠

※ who? 아티스트(전 40권) | 대상 초등학교 전 학년 | 책 크기 188×255 | 각 권 페이지 190쪽 내외

who? 인물 사이언스

기술로 세상을 발전시킨 과학자들의 이야기

※ who? 인물 사이언스 (전 40권) | 대상 초등학교 전 학년 | 책 크기 188×255 | 각 권 페이지 180쪽 내외

who? 세계 인물

세상을 바꾼 위대한 인물들의 이야기

※ who? 세계 인물 (전 40권) | 대상 초등학교 전 학년 | 책 크기 188×255 | 각 권 페이지 180쪽 내외

who? 스페셜 · K-pop

아이들이 가장 만나고 싶고, 닮고 싶은 현대 인물 이야기

※ who? 스페셜 · K-pop | 대상 초등학교 전 학년 | 책 크기 188×255 | 각 권 페이지 190쪽 내외